本书由北京印刷学院博士启动基金支持，项目名称："脱欧对英国政治体制和苏格兰社会的影响"，项目代码：27170120003/035

光明社科文库
GUANGMING DAILY PRESS:
A SOCIAL SCIENCE SERIES

·历史与文化书系·

传统与现代间的氏族文化

一部英国圣安德鲁斯镇盖尔人的民族志

赵 羲｜著

光明日报出版社

图书在版编目（CIP）数据

传统与现代间的氏族文化：一部英国圣安德鲁斯镇
盖尔人的民族志 / 赵羲著 . -- 北京：光明日报出版社，
2021. 12

ISBN 978 - 7 - 5194 - 6440 - 0

Ⅰ . ①传… Ⅱ . ①赵… Ⅲ . ①盖尔人—民族志 Ⅳ .
①K561. 8

中国版本图书馆 CIP 数据核字（2021）第 278645 号

传统与现代间的氏族文化：一部英国圣安德鲁斯镇盖尔人的民族志
CHUANTONG YU XIANDAI JIAN DE SHIZU WENHUA：YIBU YINGGUO
SHENG'ANDELUSIZHEN GAIERREN DE MINZUZHI

著　者：赵　羲			
责任编辑：黄　莺		责任校对：李　兵	
封面设计：中联华文		责任印制：曹　净	

出版发行：光明日报出版社

地　　址：北京市西城区永安路 106 号，100050

电　　话：010-63169890（咨询），010-63131930（邮购）

传　　真：010-63131930

网　　址：http：//book. gmw. cn

E - mail：gmrbcbs@ gmw. cn

法律顾问：北京市兰台律师事务所龚柳方律师

印　　刷：三河市华东印刷有限公司

装　　订：三河市华东印刷有限公司

本书如有破损、缺页、装订错误，请与本社联系调换，电话：010-63131930

开　　本：170mm×240mm

字　　数：150 千字　　　　　印　　张：12. 5

版　　次：2022 年 7 月第 1 版　　印　　次：2022 年 7 月第 1 次印刷

书　　号：ISBN 978 - 7 - 5194 - 6440 - 0

定　　价：85. 00 元

目 录
CONTENTS

序

第一节 问题缘起

2021 年 1 月 1 日，历时四年多的英国"脱欧"谈判终于落下了帷幕，英国首相约翰逊以胜利者的姿态宣布英国"重新夺回主权"，雄心勃勃地准备与欧盟进行过渡期谈判。然而几天之后，苏格兰首席大臣斯特金宣称，英国"脱欧"将为苏格兰独立铺平道路，苏格兰问题再次成为当下英国政坛的焦点。自 2014 年以来，苏格兰第一大臣尼古拉·斯特金（Nicola Sturgeon）领导的民族党一直不遗余力地宣传苏格兰文化的独特性，并强调其与英格兰在文化与社会制度等方面的差异。那么苏格兰文化究竟从何发展而来，其文化独特性对英国政局将产生何种影响，这一切要从苏格兰文化的核心盖尔传统说起。

2015 年 9 月，从北京飞往爱丁堡夜间航班上，笔者仍在怀疑苏格兰文化是否真如其宣传的那般独树一帜。直到抵达爱丁堡机场，广播传出苏格兰卷舌音，才带来真实感。从机场到火车站，格子图案的纺织品随处可见，穿着格子短裙的男士不时从身边走过，街角还有风笛手。橱窗展示的格子织品通常伴有书籍，封面上多有"氏族"字样。有些标题文字陌生，笔者猜那是苏格兰语，直到有位店主热情介绍，方知是盖尔语。其实，苏格兰文化象征的格子服饰、风笛、哈吉斯、氏族联合会都源自盖尔传统。笔者不由得好奇什么是盖尔传统。

苏格兰按地形可分为高地和低地。敦巴顿—斯通黑文一线的西北地区，包括赫布里底斯群岛、比特郡和佩思郡部分地区称为高地，东北和东南地区则被称为低地。

盖尔人原是英国、爱尔兰境内的一支凯尔特人，于6世纪经由爱尔兰在高地西南部阿盖尔登陆，向低地扩散，逐渐与低地凯尔特匹克部落联合创建阿尔巴王国（Alba）。盖尔语里阿尔巴就是后来的苏格兰。18世纪80年代之前，高地受地理和生态区隔，一直实行氏族制度。1066年，诺曼人威廉征服英格兰，大批英格兰盎格鲁贵族远走苏格兰避难，影响了低地的宫廷文化，英格兰逐渐向封建制过渡。[1] 但高地各氏族仍奉阿尔巴国王为各氏族之长，高低两地共尊国王为苏格兰全境最高统治者。

1810年后，受浪漫主义文学作家的影响，盖尔人（Gael）专指苏格兰高地凯尔特人及其后裔，其语言也称为盖尔语（Gaelic）。[2] 18世纪80年代高地农业受工业革命影响，出现人口外流、氏族社会解体的情况，大批盖尔人前往北美殖民地或到低地谋生，盖尔语使用率逐渐降

---

① FRY P, SOMERSET F. The History of Scotland［M］. London and New York：Routledge, 1982：30-38.

② KLEIN, ERNEST. A Comprehensive Etymological Dictionary of the English Language ［M］. Amsterdam：Elsevier, 1971：301.

低，英语逐渐占据优势。2011 年人口统计显示，苏格兰有 57600 人同时使用盖尔语和英语，占苏格兰人口的 1.1%，其中仅有 32400 人熟练掌握盖尔语。简言之，1800—2011 年的两百多年间，使用盖尔语的人口从 18.5%下降至 1.1%。①

在语言走向衰落的前提下，盖尔文化其他文化符号如何成为苏格兰的文化标志？盖尔人又如何成为苏格兰人构建并表达其认同的核心？

认同理论认为人类热衷分类，总会通过比较语言、服饰、节日、社会制度、文化习俗等差异区分自我与他者，还会随着他者变换认同标志或自身。文化认同不是已经完成的、然后由新的文化事件加以再现的事实，而是一种生产，它永不完结，永远处于过程中。② 文化认同的生产过程还反映主体行动者的社会文化定位意识，盖尔人处于多层级的文化空间之内，小镇—苏格兰—英国—欧盟，每层都有文化多样性，盖尔人在不同空间里游走并产生认同。盖尔人是如何在多层空间和多元文化社会背景中定位自我、拓展文化发展空间的呢？拓展文化发展空间又是否具有世界主义的视角？

西方国家自 20 世纪 70 年代兴起了文化寻根的思潮，通过借用希腊和希伯来文化之外的"异文化"反思现代性弊端。凯尔特文化成为寻根思潮的精神寄托，凯尔特题材的文学影视作品和艺术品大量涌现。作为凯尔特文化的继承人，盖尔人的文化认同是否能为现代性反思提供借鉴？带着这些新出现的问题，我来到苏格兰东南部法夫区圣安德鲁斯

---

① NRS Scotland. Scotland's Census 2011：Gaelic Report ［R/OL］. NRS Scotland，30 Sep 2015.

② 斯图亚特·霍尔. 文化身份与族裔散居 ［M］//罗钢，刘象愚. 文化研究读本. 北京：中国社会科学出版社，2000：208.

小镇。

2004 年，苏格兰政府设立个人学习账户（Scotland Individual Learning Accounts），发放财政补贴用于支持大学非学位课程。圣安德鲁斯大学提供的盖尔语言课程每年学费 200 英镑，盖尔语言课程的基金补贴也是 200 英镑，恰好能覆盖全部学费。个人学习账户基金也适用于社区大学开设的盖尔语教程。全日制学生和在职社会人士可以选用不同方式修习课程。因此学校吸引了来自不同氏族的盖尔人担任语言课教师。2011 年统计，圣安德鲁斯镇人口 16640 人，常住居民人口 12812 人。其中盖尔语使用者占常住居民人口的 0.4%，约为 51 人。[①] 高地盖尔人社区通常以单一氏族为单位聚族而居，圣安盖尔人来自不同氏族，很多人有离散经历，因而便于观察多样的氏族历史和氏族关系对当今盖尔文化认同的影响。

第二节 盖尔氏族简史

一、盖尔氏族结构

婚姻家庭亲属研究是民族学人类学的核心根据地。摩尔根的《古代社会》（1877）是学科经典，相关知识经过恩格斯《氏族、私有制和

---

① 根据苏格兰人口统计地图 2019 年数据显示，圣安德鲁斯人口常住人口 16800 人，盖尔语使用者约 51 人。可以通过以下网站搜索。http://worldpopulationreview.com/world-cities/st-andrews-population/. 2019Scotland's Census. http://www.scotland scen-sus. gov. uk/ods-web/area. html。

国家的起源》的综述阐释，已经成为中国学界的共识基础，学界承认氏族部落是人类普遍存在的社会政治单位，但有地方变异。苏格兰氏族则有过强—弱—复兴的马鞍形经历。

根据历史学家弗兰克·亚当和阿里森·卡斯凯特阿里森的划分，盖尔氏族成员分五个等级。

第一级是族长。族长是政治决策人、法官和外交代表。他需要具有杰出的军事才能、高尚的品德、强健的体魄和出色的个人魅力。族长并不享有绝对权力，而受制于由继任者、战争头领、分支代表组成的氏族议会（Conseil de famille）。"族长虽然是氏族代表，但必须听从氏族议会的意见，在某些情况下，氏族议会有权采取措施监控愚蠢或者恣意妄为的族长。"①

第二级是由继任者、战争头领、分支代表组成的氏族议会。分支代表通常是族长的血缘亲属，其中最有权势的分支代表称为"幼子长老"（Oldest cadet），"幼子长老"是氏族第一任族长的次子及其后裔，通过数百年的传承和经营，"幼子长老"不仅占有最大封地，且享有最高威望，有权在氏族会议召开时坐在族长右手座，帮助族长管理税收。战争爆发时，"幼子长老"担任右翼先锋，如果族长缺席战争，他代理最高指挥官。族长和氏族议会共同组成了氏族的核心决策层。

第三级是隶属于氏族议会的武士集团。成员为各分支代表的次子、幼子，他们均与族长有血缘联系。武士是氏族兵员，可享用肉食且无须从事日常劳作，但须学习军事技艺保持地位，且必须时刻准备响应族长

---

① FRANK A. The Clans, Septs and Regiments of the Scottish Highlands ［M］. Doune: Johnston & Bacon, 1965: 108.

的号召，离家服役。

第四级是普通氏族成员。他们跟族长同姓但血缘关系疏远，然而他们才是氏族主体，承担日常生产，为氏族提供衣食兼打造武器。

第五级的成员通称"投充人"，即失去土地的外姓人家。他们四处奔走寻求其他氏族庇护，要先宣誓效忠族长确认庇护关系，然后从事最辛苦的劳作换取居住权和衣食。

婚姻是氏族之间维持联盟关系的重要手段，盖尔氏族实行长子继承制，并保障婚生子的继承权，进而巩固氏族间姻亲联盟。婚姻也是氏族内解决纠纷的手段，如果有人犯下谋杀罪行，在受害者亲属同意的情况下，除经济赔偿外，谋杀者的儿子应当娶遇害者的女儿为妻，以此为女子提供新的家庭保护，族长通常也鼓励这种赔偿方式，以维持地区稳定。①

二、氏族与王权

高地氏族之间以及氏族与低地王权之间一直充斥着激烈的权力斗争。

自 12 世纪起，麦克唐纳德氏族（Clan MacDonald）称雄高地，族长被尊称为西部共主，此后直至 1493 年都是高地的黄金时代。1488年，13 岁的詹姆士四世（James Ⅳ）加冕为苏格兰国王，他雄心勃勃，自 1490 年频繁造访高地接见各氏族族长，"国王率领大队扈从，以华丽

---

① CATHCART A. Kinship and Clientage：Highland Clanship 1451—1609 ［M］. London and Boston：Brill，2006：107.

衣着展示王室财富权力，西部百姓对此印象深刻；他接见臣民态度谦和
友善，大受欢迎，王权益固"。① 1491 年，国王利用麦克唐纳德与罗斯
氏族（Clan Ross）的冲突，废除约翰·麦克唐纳德的"共主"头衔，
宣布此后国王才是西部最高领主。②

国王虽然废除了"共主"却无力在高地建立新秩序，遂形成权力
真空，中等氏族趁势而起。国王只能将高地一分为二，分别任命戈登
（Clan Gordon）和坎贝尔（Clan Campbell）两氏族长为世袭税务官。但
两氏族长并不情愿做王室的仆人。③ 王权只能节制族长不侵犯其他氏族
领地而不能削弱各族实力，麦克唐纳德依然势大力强，王权只能在名义
上统治盖尔人④，直到 16 世纪中叶詹姆士六世（James Ⅵ）继位后王权
开始崛起。

1586 年英格兰女王伊丽莎白一世（Elizabeth Ⅰ）与詹姆士六世签
订协议，规定只要詹姆士行为中矩，即有望继承英格兰王位。英女王承
诺向詹姆士六世提供财政补贴。詹姆士六世信心大增，次年出台"总
体绑定（*General Band*）"政策，要求"各氏族族长、领主（Laird）约
束领地内'投充人'的行为，并担保其不再滋事斗殴"⑤。

---

① BROWNE J. A History of Highland and of the Highland Clans Volume I ［M］. Glasgow：
A. Fullarton & Co, 1834：175-176.
② FRY P, FIONA S. The History of Scotland ［M］. London and New York：Routledge,
1982：114.
③ MITCHISON R. A History of Scotland ［M］. London and New York：Routledge, 2005：
64.
④ WEBB C, PATERSON E. Theora Volume XLIII ［M］. Pietermaritzburg：University of
Natal Press, 1974：77.
⑤ DICKINSON W. Scotland from the earliest times to 1603 ［M］. WEBB B, PATERSON
E. Theora volume XLIII. Pietermaritzburg：University of Natal Press, 1974：77.

1603 年，詹姆士六世如愿继承英格兰王位，同时统治苏格兰和英格兰，实现了王室联合。1608 年，詹姆士六世派遣奥吉尔特里爵士（Lord Ochiltree）率领强大的英格兰海军进驻高地西部诸岛，将诸多族长押至爱丁堡，强迫其归顺国王。一年后，高地族长们被迫签署《艾欧耶法案》（Statute of Iona），"要求族长每年到爱丁堡枢密院述职；拥有六十头牛以上的族长必须将其长子，如无子则将长女送至低地学堂学习英语。没有低地英语教育学历的长子长女不得继任为族长且不受王室认可"①。自詹姆士六世之后，氏族权力完全置于王权之下。

三、高地氏族制度的衰落

随着资本主义生产方式的崛起，氏族制度走向了没落。

1707 年，苏格兰与英格兰议会联合，不列颠联合王国成立，但苏格兰境内一直存在反对联合的声音。1745 年 8 月，支持斯图亚特王朝（The House of Stuart）的盖尔氏族响应前朝王子查理·斯图亚特（Charlie Stuart）号召，起义反对汉诺威王朝（House of Hanover）。苏格兰起义氏族意在废除《1707 年联合法章》恢复独立地位。查理王子意在复辟斯图亚特王朝，但盖尔军队不愿南下英格兰。② 查理允诺南下会得到法国支援和英格兰保皇党配合，然而这只是危险的谎言。③

---

① BRWON K. Kingdom or Province? Scotland and the Regal Union, 1603—1715 [M]. New York: Macmillan Education, 1992: 92.

② FREMONT-BARNES G. The Jacobite Rebellion 1745—46 [M]. London: Osprey Publishing, 2011: 47.

③ WOOSAM-SAVAGE R. 1745: Charles Edward Stuart and the Jacobites [M]. Edinburgh: Glasgow Museums, 1995: 10.

众多盖尔族长因而动心挥兵南下，恰逢英格兰精兵在欧陆参与奥地利王位继承战争。盖尔人势如破竹攻到离伦敦不足 150 英里的德比（Derby），胜利近在咫尺但好运到此结束。① 英军精锐迅速回撤逼退义军，进而追到苏格兰高地库伦登地区。英军统帅库伯兰公爵下令追捕查理王子及其追随者，对高地士兵格杀勿论。盖尔许多氏族失去武装力量，高地氏族制度从此丧失政治能力。② 1745 年的高地起义实质上是两种制度之间的最后一次大规模对抗，结局以高地氏族惨败结束，标志着氏族制度的瓦解。

四十多年后，高地许多族长包括坎贝尔族长阿盖尔公爵，带头推行现代农业制度，第一步是土地改革，将传统的条状耕种制度更改为克罗夫特（Croft）③ 制度，其目的是合并零碎土地，明确责任制度，提高农业效率④。土地改革减少了佃户人口，为木材砍伐和兴建大型牧场奠定基础。⑤ 当族长从氏族的庇护者摇身一变成为资本家时，大批盖尔人的房屋被焚毁，被迫逃亡北美谋生。⑥ 如今北美地区分布着众多姓氏以 Mc 或者 Mac 开头的苏格兰后裔，其中许多人的祖先便是大清洗时代的高地移民。

---

① DUFFY C. The '45［M］. London：Cassell，2003：296-305.
② HARRINGTON P. Culloden 1746：The Highland Clans' Last Charge［M］. London：Osprey Publishing，1991：83—84.
③ 克罗夫特土地制度是一块用石墙或篱笆围起来的土地，耕种者（crofter）负责耕种这块土地，直接向族长而不是承包人缴纳租金，耕种者一家也居住在这块土地上。
④ GRAY M. The abolition of runrig in the highlands of Scotland［J］. The economic history review，1952，5（1）：46-57.
⑤ STORRIE M. Landholdings and settlement evolution in west highland Scotland［J］. Geografiska annaler，1965，47（2）：138-161.
⑥ MACKENZIE A. The History of the Highland Clearances［M］. Inverness：William Mackay & Son，1914.

第三节　研究理论

一、文化研究的转向

第二次世界大战结束后，获胜强国的公正形象纷纷褪色：法国不接受越南惨败教训仍在北非继续殖民战争；英国刚放手苏伊士运河，又卷入阿以战争并与法国联合派兵进驻。这些变脸引起英国和欧洲左派知识界反思并催生新左派思想。英国新左派第二代代表人物斯图亚特·霍尔认为，苏伊士运河事件证明，英国在一些前殖民地降下国旗不是帝国主义的终结。① 新左派知识分子希望从文化领域入手，提出适用于英国的社会主义新思路。雷蒙·威廉斯（Raymond Williams）、理查德·霍加特（Richard Hoggart）等知识精英开辟了英国文化研究新思路。

雷蒙·威廉斯重新定义"文化"一词的含义，他将"文化"的定义划分为三类。第一类，就某些绝对或普遍价值而言，文化是人类完善的一种状态或过程。第二类是"文献式"文化定义，文化是知性和想象作品的整体，这些作品以不同的方式详细记录了人类的思想和经验。第三类则是威廉斯提倡的人类学文化定义，即文化是一种特殊生活方式的描述，这种描述不仅表现艺术和学问中的某些价值和意义，而且将其他定义中不认可的文化因素，例如，生产组织、家庭结构、表现或制约社会关系的制度结构、社会成员借以交流的独特形式，也列为文化的组

---

① 斯图亚特·霍尔. 第一代新左翼的生平与时代［J］. 国外理论动态，2011（11）：85-93.

成部分。① 通过对"文化"的重新定义，威廉斯以马克思整体论的视角将日常生活纳入文化研究的领域，整体生活方式不仅是社会智力和想象的产物，而且是一种总体的社会过程。②

日常生活的整体性研究使文化研究从精英文化转向大众文化。威廉斯认为文化是普通的，各种文化蕴含着已知的意义和发展方向，并塑造文化成员的行为；文化也具有生产新意义的潜力，文化既是传统的也是创新的。③ 研究文化不仅需要研究艺术、学术作品，也需要关注日常生活的普通意义。作为新左派学者，威廉斯将马克思主义学说的生产概念与文化联系起来，认为整体生活方式的意义不是既定的，相反文化的意义是不断生产的。

1962 年，新左派思想出现了分裂，威廉斯等人被称为第一代新左派学者，而斯图亚特·霍尔（Stuart Hall）、查尔斯·泰勒（Charles Taylor）、汤姆·奈恩（Tom Nairn）等人被称为第二代新左派学者。两代新左派学者在文化背景方面存在差别，第一代学者多在第二次世界大战前后的英国度过青春期并接受大学教育，而第二代学者多来自英国前殖民地国家，或出生于苏格兰，或曾在拉美国家长期工作生活过。④ 第一代学者受到英国经验传统的影响，强调马克思主义的本土化，分析英国本土问题。第二代学者认为英国 17 世纪的革命是不彻底的，不成熟

---

① 雷蒙·威廉斯. 文化分析［M］//罗钢，刘象愚. 文化研究读本. 北京：中国社会科学出版社，2000：125-137.
② 雷蒙·威廉斯. 文化与社会［M］. 北京：北京大学出版社，1991：358-359.
③ WILLIAMS R. Resources of Hope［M］. London and New York：Verso，1989：4.
④ 张亮. "英国马克思主义"的历史、理论道路与理论成就［J］. 马克思主义研究，2012（7）：123-131，160.

的资产阶级革命导致不成熟的工人运动，因此英国工人阶级既缺乏革命传统，又无法接受马克思革命理论。[①] 因此，第二代学者主张借鉴欧洲大陆结构马克思主义的观点，例如，阿尔都塞（Louis Pierre Althusser）、葛兰西（Antonio Gramsci）等人的主张，研究英国问题。第二代学者的成长背景使他们的研究多关注英国的少数群体和亚文化群体，包括移民、种族和性别歧视等问题。

威廉斯提出了文化研究的普通生活转向，第二代学者斯图亚特·霍尔继承并发展了威廉斯的思想，霍尔创建了英国伯明翰大学文化研究中心，其研究学派也被称为伯明翰学派。霍尔出生于牙买加，大学期间就读于牛津大学，并由此结识了威廉斯。他在威廉斯文化理论基础上，以英国黑人青年为研究对象，发展了文化认同理论。

二、文化认同研究范式

认同理论最初源于 20 世纪 50 年代心理学家艾瑞克·埃里克森（Erik H. Erikson）的研究，心理学家试图寻找个体进行自我归类的方法。20 世纪 80 年代，同一性和差异性受到社会科学的重视，"认同"一词被引入社会科学领域，受到后结构主义研究路径的影响，认同成为一种可以替换、颠覆和重构的符号。[②]

文化认同研究产生于 20 世纪 80 年代末 90 年代初，移民中的知识

---

① 张亮. 从文化马克思主义到"结构主义的马克思主义"——20 世纪 60 年代初至 80 年代初英国马克思主义的发展历程［J］. 文史哲，2010（1）：129-136.
② 曹卫东. 从"认同"到"承认"［J］. 人文杂志，2008（1）：42-48.

分子在后殖民理论的影响下，开始研究离散族裔在西方发达国家的认同特征、文化诉求等问题，探讨移民的多重认同困境。例如，斯图亚特·霍尔作为牙买加移民，认为文化认同研究应关注现实问题，他注重探讨加勒比移民在英国的认同困境，并主张在全球化和英国多元文化背景下探讨文化认同。①

文化认同的研究范式通常可以分为还原论研究和认同生产研究。还原论继承了心理学的研究方法，认为各个群体的文化认同尽管有不同的表现形式，但所有文化认同的核心内容是普遍的、共有的，因此研究文化认同的目的是寻找文化认同的普遍结构。②

认同生产理论以斯图亚特·霍尔为代表。霍尔反对将文化还原为结构、阶级或生产方式③，因为还原论忽视了文化的差异性。他认为研究文化认同是研究历史、语言、社会背景等因素在塑造认同时发挥的作用和认同形成的过程。④ 认同是在比较自我与他者的差异中形成的，通过表述差异而确认"我"不属于另一个群体。⑤ 随着时间的推移，文化认同不断变化，不断进行生产，在发明传统中不断改变我们已经熟悉的存在。人们不可能精确地、长久地谈论一种经验、一种认同，文化认同不

---

① 甄红菊. 斯图亚特·霍尔的文化理论研究［D］. 济南：山东大学，2016：83.

② GROSSBERG L. Identity and cultural studies：is that all there is？ ［M］. HALL, STUART and DU GAY, PAUL. Question of cultural identity. London：Sage Publications, 1996：89.

③ SLACK J. The theory and method of articulation in cultural studies［M］. MORLEY D, CHEN K, HALL S. Critical dialogues in cultural studies. London and New York：Taylor & Francis, 2005：122-123.

④ HALL S. Who needs identity？［M］. HALL S, Paul D G. Question of cultural identity. London：Sage Publications, 1996：89.

⑤ HALL S. The local and the global：globalization and ethnicity［M］. KING A. Cultural, globalization and the world-system. London：Macmillan, 1991：21.

仅属于过去也属于未来。① 具有相同文化认同的群体共享一套包括概念、意象、语言、象征在内的文化编码，通过同一套文化编码理解世界并表达自我，文化编码又反向强化了文化认同。

霍尔通过分析黑人的生理表征被建构为文化和政治表征的过程，探讨英国文化差异共存问题。同为新左派第二代学者的查尔斯·泰勒提出承认政治理念。泰勒借用莱昂奈尔·屈瑞林（Lionel Trilling）的本真性概念，即忠实于自我和自己独特的存在方式的理想，阐述18世纪启蒙运动以来，个体在自身之内发现认同替代个体在上帝或世界秩序内发现本源的思想潮流，泰勒称其为现代性的表征之一。② 在本真性的基础上，西方政治哲学坚持普遍主义原则，尊重个体尊严，实现人人平等，要求所有人具有无差别的权利。普遍主义原则与等级社会相比是巨大的进步，但是泰勒也发现普遍原则的弊端，他认为普遍性原则背后蕴含着对差异性原则的忽视，亚文化群体和少数群体在普遍原则下受到了无形的歧视和不公待遇，因此有必要从文化群体的角度建立承认差异的政治原则。

霍尔的文化认同理论建立在平面空间中，各群体之间通过互相交流和比较确立自身认同。笔者认为在全球化的现实下，个人或某一文化群体不仅受日常交往的平面圈层的影响，还深受更高层次政治或文化空间的影响。单一文化群体也许没有直接与异地或异国的文化群体进行交往，但是传媒业不仅促成想象的共同体，也赋予人们超越地域限制，在

① 斯图亚特·霍尔.文化身份与族裔散居［M］//罗钢，刘象愚.文化研究读本.北京：中国社会科学出版社，2000：211-213.
② 查尔斯·泰勒.承认的政治［M］//汪晖，陈燕古，译.文化与公共性.北京：生活·读书·新知三联书店，1998：290-337.

超越国家组织和空间中，以世界主义的视角定位自我、并描述自我的能力。

　　本书根据研究主题采用霍尔的认同生产研究范式，将当今盖尔人文化认同视为动态的、正在生产的表述，研究影响其文化认同的历史原因和社会背景；并在此基础上探讨文化认同在纵向分层空间中的生产，分析文化认同的生产机制，思考群体文化认同与权利的关系。根据泰勒的承认政治理念，反思普遍主义原则对盖尔人造成的选择困境。

第一章

小镇故事与氏族记忆

第一节　历史古镇

圣安德鲁斯是英国苏格兰东南部法夫区沿海小镇，距都城爱丁堡约50 千米。它得名于苏格兰宗教圣人安德鲁斯，中国人称其为"圣安"。

从爱丁堡机场乘车往东走，城市建筑很快消失，两侧平原仿佛一对恋人互相追逐奔向海岸，展向天边。公路两边低矮的木栅遮掩了黑脸绵羊的短腿。这些身着白毛大衣的哲学家在草地上悠闲漫步，时而凝视远方，仿佛在思考人类为何躲在铁壳子里匆匆而过却不带着笔和染料为它们画一幅肖像。那个画干草堆的家伙不就因此成名了吗？

两小时后路边出现一块标志牌：欢迎来到圣安德鲁斯。从车上下来，就能找到环绕圣安镇的溪边小径 Lade Braes。它有多个出口，分别通往镇中心、码头、教堂和大学。小溪发源于肯尼斯溪（Kinness burn），自北向南流过，给圣安大教堂和镇中心供水的旧日水坊，如今仅剩遗址。沿小径北行，不时会有小镇居民散步，即使是陌生人，他们也会微笑致意道声"你好"。新年应景的当然是"新年快乐"。

西北门直达镇中心。镇中心保持中世纪布局：四条东西向的主街道，连接了圣安德鲁斯大学、城堡、高尔夫球场和大教堂四个核心区。

圣安德鲁斯大学的教学楼主要分布在北街和海岸街，如今是小镇运转的核心。圣安大学是英国第三古老大学，也是苏格兰第一所大学，建于 1413 年。小镇居民由此得到诸多就业机会，因而以大学为自豪。英语系教学楼不远有家咖啡馆，橱窗立的小牌子上写着"威廉凯特在此相遇"。当地居民开心地说，威廉王子就读期间女生增加了 20%。

沿北街走到尽头（北头）便是圣安德鲁斯大教堂。它始建于 1120 年并不断扩建，直到 1318 年完工，成为当时苏格兰最宏伟的建筑，圣安镇因而成为苏格兰宗教权力中心。圣安大主教与约克、坎特伯雷大主教是宗教平级领袖。拉丁文 Cathedral 原指主教法座。有法座的教堂（Church）才配称大教堂（Cathedral）。圣安大主教以举足轻重的地位影响了苏格兰历史进程。但 1559 年苏格兰新教改革使大教堂跟当地所有天主教堂一样惨遭洗劫：大教堂的浮雕、壁画和祭坛组画均遭劫掠。新教长老会势力扩张导致大教堂废弃，如今仅剩西面壮观的外墙、一座 33 米高的圣儒勒塔和曾经保存圣安德鲁斯遗物的塔楼。走在残垣断壁间，仿佛穿越在 450 年前的时间隧道里，耳畔回响着主教布道声，转眼便是宗教改革点燃了苏格兰内战战火。架设在圣安德鲁斯大学塔楼上的大炮失准，流弹轰掉了大教堂旁边的圣安城堡。

教堂尽头便是东海岸。码头上总有几艘小帆船。大学生身着传统红袍在长堤上散步聊天，这是圣安独有的风景。到了冬季，成群的海鸥来此，依托丰富的鱼群熬过阴冷潮湿的冬季。旅游业也是小镇支柱之一，游客或在古老校园合影，或到西海岸高尔夫球场一试身手。

小镇居民大约有 16640 人，其中 1/3 是学生。许多留学生和外籍老师来圣安学习或就业，海外移民约占总人口的 11%。小镇居民多半住在四条主街之外。西北区是小镇的富人区被戏称为"高街"，房屋多为独立别墅，宽敞明亮安静怡人且临近高尔夫球场。西南区居民多为大学教师和镇政府工作人员等中产阶级。相比之下，镇中心和东南区的房屋则古旧拥挤、设施落后，大部分住的是工人阶级以及学生。小镇居民对留学生十分友好，我报到不久就在外导的帮助下参加了一场留学生欢迎会，并结识了第一位盖尔报道人。

第二节 小镇"族际"联系

一、留学生的盖尔父母

2015 年 9 月中旬，我办完报到手续，收到留学生欢迎会的一份请柬，还附有一份申请表：鼓励留学生跟当地居民建立联系。欢迎会由学校教会与居民联合举办，目的是给留学生提供社区帮助和家庭支持。我不假思索地填表，并按地址找到学校礼堂牧师办公室，见到行政秘书菲奥娜·莫顿。[①] 菲奥娜 40 岁左右，语调轻柔，目光亲切。她负责学校宗教事务，组织留学生交友活动，并联系圣安当地的教堂与学校合作帮

---

① 为保护报道人隐私，以及应报道人要求，本书所有报道人都采用化名。

助留学生宾至如归。

我问菲奥娜能否联系一户盖尔家庭。菲奥娜微微一笑，"我就是盖尔人。我结婚前姓麦克贝恩（MacBain）。这是高地盖尔人典型姓氏。Mac 是某某之子的意思，Bain 按照盖尔语拼写应是 Betha。我猜你知道莎士比亚的 *Macbeth*《麦克白》，那就是盖尔语 Macbetha 的英语正字。但许多盖尔氏族姓氏也不一定用 Mac 前缀，例如大名鼎鼎的氏族坎贝尔（Campbell）；用了 Mac 或 Mc 前缀的姓氏也未必都是盖尔人，我丈夫是英格兰人，但我能帮你找到夫妻都是盖尔人的家庭，那对你的研究更有帮助。"

一周后，我如约前往城堡街诸圣堂参加欢迎会。菲奥娜是召集人，她一身浅灰色连衣裙，特意搭配苏格兰格子图案腰带。她给我一个轻轻的拥抱，递过名牌和一张小卡片。名牌别在我的胸前。小卡片人手一张，列有五个问题。征询谁爱喝威士忌，谁穿了格子裙（kilt），谁会说盖尔语，如此，等等。学生和小镇居民借此相互认识，以此打破陌生人之间的尴尬，活跃现场气氛。

"给你联系的盖尔夫妇已到，先不告诉你他们是谁。若你能认出他们，更显得跟我们盖尔人有缘。"菲奥娜鼓励我。

大厅里很多学生和镇上居民拿着卡片相互介绍。居民古道热肠，多数夫妻同来。很多男士穿了苏格兰传统套装：上身马甲下身格子裙，有的则穿着格子裤。但能说盖尔语才是更好的线索。大厅中欢声笑语，我走近第四对夫妻身边时就听出了北美口音。这对夫妻 50 多岁，丈夫穿着蓝绿格子裙，妻子则佩戴相同图案的女士领带。我凑上前去希望引起他们注意。

"先生你好，你的格子裙真不错。这图案代表哪个氏族呢？"我说完觉得好笑，通常男士才会赞美女士的裙子。他的名牌写着乔治，太太是索菲。

"啊哈，你知道图案代表不同氏族，"乔治挑挑眉毛笑着回答，"这是麦克唐纳德（MacDonald）氏族图案，我太太是加拿大人。原姓麦克里德（Macleod），是大学盖尔语教师。"

索菲瞄一眼我的名牌："我想你就是菲奥娜安排给我们的中国学生了。"我冲菲奥娜比了个胜利手势。

"听说你是来研究盖尔文化，那可找对人了。"乔治骄傲地说。

"盖尔人过去有氏族。我们麦克唐纳德最重要，族长从12世纪开始就是西部共主，低地王权无权干涉。麦克唐纳德有十多个分支，曾是高地最大的氏族。"

我问乔治是否还有族谱。乔治尴尬道："我手里没有。我们这支从高地迁到爱丁堡后就成了市民，到我祖父、父亲那两辈连盖尔语都不再会说，成了真正的无根群众。尽管如此，他们也还记得自家属于盖尔部麦克唐纳德族科坡奇（Keppoch）支。我的盖尔语还是太太教的。但斯凯岛分支已经修订族谱，麦克唐纳德氏族现在还出版了很多历史习俗书籍。"乔治又急忙补充。

麦克唐纳德氏族的显赫地位令乔治骄傲。尽管这段辉煌早已远去，但祖先的辉煌仍能给乔治提供"有根感"。虽然没有了族谱，很难再把乔治跟那些威风凛凛的前辈族长连接起来，但这并不重要，最重要的是乔治对祖先的选择。"祖先在历史上有过什么样的辉煌事迹，是否是历史名人，是否与英雄人物挂钩才是至关重要的。"① 缺乏详细族谱反而留下了想象伟大过去的空间。麦克唐纳德是大氏族，族谱和氏族简史可以为众多潜在的氏族成员创造认同可能，成员"通过追溯祖先，建立真实感和统一感"②。

乔治太太索菲却自豪地说她有族谱。

"高地大清洗时期，我所属的分支源于苏格兰格林盖瑞区（Glengarry），Glengarry 是盖尔语词汇，Glen 指峡谷。在肯尼斯·麦克里德和亚历山大·麦克里德船长带领下，1793 年我们氏族迁居到了加拿大安大略省，把侨居的郡名也改为格林盖瑞（Glengarry）。安大略省有许多从高地迁来的氏族。我们这支不仅有族谱，而且族谱还出版了。这不是传统的族谱，我祖父、父亲不是显赫人物，但他们的名字都在上面。因为族谱是麦克里德氏族联合会编写的，我也是联合会的会员，联合会根据会员提供的信息，编写出版了族谱。你如果喜欢，可以来我家看。"

几天之后，我到乔治和索菲家做客，他们的女儿朱莉也在家。我看到索菲说的族谱，初版发行于 1973 年，索菲手中的是 1993 年修订版。族谱记载着 1793—1993 年间的氏族成员名录，还有简明的氏族迁移史和杰出人物，女性成员及其氏族男性配偶都有名字。1993 年后出生的朱莉还没上谱。

修谱可以修复因离散造成的历史断裂，但是索菲提供的族谱却是以迁移为开端的，明显有与历史决裂，迎接新开始的象征意味。索菲的解

---

① 罗彩娟. 历史记忆与英雄祖先崇拜——以云南马关县壮族"侬智高"崇拜为例[J]. 广西民族研究，2010（4）：109-116.

② 赵琼. 国家认同建构中的历史记忆问题——以对共有祖先的追述为视角[J]. 中国政法大学学报，2014（3）：86-93，159-160.

释是："高地大清洗是痛苦的回忆，加拿大是新的开始，我想他们是想逃离苦难，迎接新生。"安大略省作为众多高地氏族的聚合地，麦克里德需要通过修谱彰显独特性，构建氏族边界，加强内在联系，族谱为索菲提供了明确的历史记忆。索菲手中的族谱不是权威人物修订的，而是氏族成员通过联合会主动参与的活动。修订族谱是一种自发的确定氏族时间和空间的定位行动，"迁移造成了流离失所的精神创伤，寻根是对这种创伤的应答"①。此外政府政策也鼓励了盖尔后裔寻根探祖的行为。1999 年苏格兰议会恢复后，苏格兰政府制定的《苏格兰旅游业发展新战略》将寻根旅行和盖尔艺术列为旅游业发展方向之一②，从客观上鼓励了祖先认同的行为。

乔治认识到氏族为适应新环境也会做出新选择。

"我们这些留在英国的盖尔人选择忘记，但离开的人却选择铭记。我认识索菲之后，才开始逐渐寻找自己的氏族归属，通过氏族网站认识了其他寻根的族人。想到其他地方的陌生人可能与我有血缘关系，我感到十分奇妙。"

索菲轻轻拍拍丈夫的肩膀，问我家有没有族谱。我遗憾摇头。

"用我们的氏族概念，你就是一个投充人了，"乔治开玩笑道，"当然所有留学生某种程度上都算投充人。我跟索菲想为留学生提供一种家庭的支持，我们已经连续六年帮助留学生。三年前我们跟一个中国女孩建立了很好的关系，她最后称我和索菲为盖尔爸爸和盖尔妈妈。朱莉是

---

① LOWENTHAL D. The Heritage Crusade and the Spoils of History ［M］. Cambridge：Cambridge University Press，1998：9.
② Scottish Executive. A New Strategy for Scottish Tourism ［R］. 2000：27.

她的盖尔妹妹。她回中国了，去年还给我们写邮件，请我们为她的儿子取个盖尔名字。我们感觉十分荣幸，责任重大，最终选定了阿奇博德（Archibald）就是勇士这个名字。麦克唐纳德男人都应该勇敢。"

勇敢被乔治视为麦克唐纳德的氏族品质，氏族是一个共同体，"个体对自尊的需求促使人们将各种美德和正面评价投射在自己所属的共同体上，而负面则属于他者"①。其实其他氏族也有尚武精神，因为在传统社会，盖尔氏族之间冲突不断，族长和武士阶层必须英勇善战，索菲称麦克里德也推崇英雄气概。勇气与其说是某一氏族推崇的品质，不如说是绝大多数盖尔氏族共同推崇的性格，以此将正面评价投射到自身氏族，贬低敌对氏族。"卢梭时代就已经将品格特质视为群体第一集体特征，每个群体都拥有，而且必须拥有品质特征，如果没有自己的品质特征，那就要开始拥有一种特征"②，乔治和索菲仍然用氏族曾经崇尚的品质构建当今的认同。

索菲和乔治再次热心地问我是否适应圣安的生活，并保证如果我遇到困难，可以找他们帮忙。

乔治说："互助是我们的氏族传统。氏族 clan 在盖尔语是 clann，意思是孩子和家庭。土地归氏族共有。大家一起劳作也一起抵抗其他氏族入侵。现在离我家不远就有一户麦克唐纳德人，我们原本素不相识，后来在学校举办的凯尔特文化节结识。他们家是斯凯岛宗支，族谱修得很完善。我们已经认识八年，虽然不是同支，但也经常一起互助庆祝传统

---

① GOULD R. Collective violence and group solidarity：evidence from a feuding society［J］. American sociological review, 1999, 64（3）：356-380.

② 安东尼·史密斯. 民族主义：理论，意识形态，历史［M］. 叶江，译. 上海：上海人民出版社，2006：27.

节日。我知道氏族社会已经远去，但团结精神将传递下去。"

氏族内部其实等级森严，族长有权左右普通成员的生死。高地土壤贫瘠，生计艰难。普通氏族成员承担日常劳作，族长、高级首领和武士不事生产。但在乔治眼中，氏族还是充满了温情，近乎理想社会。他自发地把经过美化的氏族记忆带入现实生活，"昔日氏族社会最痛苦的方面已经被忘记，心智把过去美化为它所向往的目标"①。欢迎会上其他愿意为留学生提供家庭帮助的居民也是古道热肠，但乔治一家的特殊之处在于从氏族的角度解释他们的行为。他们不仅将祖先记忆和理想的氏族内部关系带入日常生活，之后发生的一件事证明氏族之间的冲突也被乔治等人用于建立新型氏族关系的活动中。

二、泡沫大战里的氏族冲突

每年 11 月初，圣安德鲁斯大学会举行名为"葡萄干周"的活动。高年级学生为新生讲解校史，传授学习经验，带他们参加学校各种活动，如戏剧表演、演唱会等。依照传统，葡萄干周结束后，新生给学长们一磅葡萄干致谢。现在改成给对方一份礼物。葡萄干周最令人兴奋的庆祝活动就是周日泡沫大战。高年级学生要打扮新生并为其提供一样装饰品。朱莉主动提出带我参加泡沫大战。

周日早上，我先去朱莉家领取装饰品：一顶麦克唐纳德氏族图案的帽子和一条女士领带。朱莉不仅戴上了帽子和领带，还穿着格子女裙。

---

① 法里斯·哈布瓦赫. 论集体记忆 [M]. 毕然，郭金华，译. 上海：上海人民出版社，2002：90.

索菲对我说:"今天你要代表麦克唐纳德出战了,目标是坎贝尔氏族。加油!"

泡沫大战是学校传统,陌生同学之间互相扔泡沫,与氏族冲突完全无关。但索菲不仅为我们准备了麦克唐纳德服饰,而且指定了攻击目标。索菲看出我的不安,连忙解释约翰·坎贝尔一家是他们多年的好友,约翰的女儿安妮跟朱莉是好友。泡沫大战是学校为增进友谊举办的活动,但在索菲一家眼中这是一个用来展演过去氏族冲突的契机。

朱莉带我赶往联合学院广场,迎面是学校最古老的建筑,每年泡沫大战都以这里为"战场"。广场入口处,学生会搬来一箱箱剃须泡沫,以成本价卖给学生。我们在广场发现身穿各种奇装异服的学生已经开始互喷泡沫,有人穿着盔甲,有人扮成圣诞老人。

我和朱莉左顾右盼,突然帽子被泡沫击中,带着凉意的泡沫留在头发上,朱莉的眼镜上蒙了厚厚一层白沫。三个头顶红黑格子帽的学生早已埋伏在圆柱后面,一击得手,高兴地大喊:"命中,坎贝尔胜!"我跟朱莉立刻还击,朱莉回应"别高兴得太早,我们从未输过",她干脆摘了眼镜,左右开弓冲向坎贝尔家的孩子。大家无须自我介绍,没有寒暄问好,笑闹成一团。五个人很快就跟其他学生一样满身泡沫,嘴里也不可避免地尝到一丝怪味。帽子歪斜,领带早已看不出颜色。闹到最后,就分不出麦克唐纳德和坎贝尔,朱莉跟两个坎贝尔学生扑向了其他人,我跟坎贝尔家的女儿安妮走到休战区喝水。

安妮是应届研究生。我问她与朱莉家的关系,安妮高兴地说他们一家与朱莉家是多年的朋友。

朱莉说:"我们坎贝尔氏族和他们麦克唐纳德氏族历史上的冲突多

得数不过来，我们的崛起就是他们没落的开端。今天你给我一刀，明天我给你一箭，简直是不死不休。不仅族长之间斗争不断，各个分支之间也斗得不可开交。他们麦克唐纳德人多势众，我们坎贝尔位高权重，但总体来看还是我们占了上风，毕竟我们坎贝尔族长至今仍然世袭阿盖尔公爵爵位。"

我暗暗一笑，不由得想起第一次见面时乔治只提到麦克唐纳德是高地共主，对后来的衰落只字未提，朱莉也称麦克唐纳德才是地区霸主。双方的观点受到各自氏族史的影响，而氏族史带有主观性也是人之常情，"以文字记录保存的史料，只是这些过去事实中很小的一部分，它们是社会权利关系下的社会记忆产物"。①

我后来到安妮家看了坎贝尔族谱，初稿成书于1913年。索菲娘家麦克里德族谱则出版于1910年。两本书的完成时间十分接近，共同背景是1885年英国政府成立苏格兰事务部（Scottish Office），又适逢爱尔兰自主运动（Home Rule Movement）扩大至威尔士和苏格兰，氏族历史的修订是地区文化逐渐焕发活力的间接反映。

安妮给我出示的坎贝尔族谱与索菲手中的麦克里德族谱相比多出一个特色，主支族谱追溯了氏族起源，同时记载了历代族长生平和杰出人物功绩。索菲家的麦克里德分支族谱则是自下而上按照各房提供的资料修订而成。幸好安妮的父亲属于主支且是现任族长二级亲族，因此名字虽不在族谱仍可以追溯关系。各氏族的族谱不仅将盖尔人与其他群体区分，还注意盖尔人内部的家支划分。族谱还有实际作用，由于盖尔人传

---

① 王明珂. 历史事实、历史记忆与历史心性［J］. 历史研究，2001（5）：136—147，191.

统是以口述的方式传承历史记忆，当发生领地争端时，族谱上的土地记录能当仲裁依据，当然也能当冲突理由。

虽然麦克唐纳德和坎贝尔之间充满了历史恩怨，但安妮和朱莉更喜欢以和解的态度应对现实。

安妮接着说："冲突都是过去的事。我家现在跟朱莉家关系很好。我父母在圣安医院上班。父亲来自阿盖尔地区的因弗拉雷，那是坎贝尔氏族主支所在。我爸跟现任坎贝尔族长托克希尔同根，托克希尔现在有阿盖尔公爵头衔。我妈生在爱丁堡，跟高地盖尔氏族没有关系。搬到圣安后，我父母在学校凯尔特文化节认识了朱莉他们，没想到就成了朋友。坎贝尔一家跟麦克唐纳德一家做朋友的感觉很微妙。我们不可避免地受到氏族史、历史书的影响。两家聚会时经常会借用坎贝尔和麦克唐纳德之间的冲突开玩笑。两年前朱莉是新生，我带她参加泡沫大战。商讨服装时，我们想到一个主意，各自穿氏族服装一决高下，看谁帽子上的泡沫少。我们之间其实没有真正的输赢，但我穿上这条裙子戴上这顶帽子，就多了一份责任和荣誉感。我把泡沫喷向朱莉时，总在想象古代的氏族冲突。我家跟麦克唐纳德都在高地极具影响力。许多中小氏族都依附于我们。我跟朱莉的泡沫战，就是两大氏族阵营角力的象征，我感觉自己继承了传统，但我们又得克制，因为我们活在当下。"

朱莉说："圣安镇盖尔人很少。我们与其纠结于数百年前的恩怨引发争论，不如团结一致，至少可以改善盖尔语的濒危地位。"

我打量着安妮的羊毛裙，早已被白泡沫弄得看不出颜色，不远处朱莉的衣服也看不出任何麦克唐纳德的标志，另外两个坎贝尔家的学生喘着粗气，与两名"巫师"嬉笑打闹。泡沫大战对朱莉和安妮来说是展示盖尔氏族关系的契机，其他学生也许并未注意她们的着装或她们喊的氏族口号，但安妮和朱莉主动借助泡沫大战，宣传氏族文化的效果达到了。正如坎贝尔家穿格子长裤的男生所说："这是我第一次代表氏族出征，我现在就是坎贝尔的武士。"

三、生命之水：杯酒释仇

泡沫大战结束，广场上的学生都变成了雪人，有人躺在草地休息，有人忙着拍照，泡沫几乎浸透衣服。我跟朱莉回家吃完饭后，一起前往酒吧与安妮和另外两名学生见面。

朱莉挑选的酒吧是学生们最爱去的，价格优惠且活动丰富。我们挑了一个宽敞的桌子，朱莉主动提出她请大家喝酒，安妮说她请大家吃零食并解释说："每年泡沫大战后，我跟朱莉都会带氏族成员到酒吧庆祝，一直都是我们付账。过去氏族族长会举行盛大的宴席，招待氏族成员，今天我们略备薄酒，感谢你们今天参加泡沫大战，也感谢你们为各自的氏族而战。"

盖尔氏族社会，族长及各地分支的头目需定期举办盛宴款待辛勤劳作的氏族成员，盛宴也能展示氏族实力。然而高地农业生产水平十分有限。朱莉说："族长获得的税收（通常是实物方式）必须得到合理使用，不能浪费。于是为了举办宴会，需要到其他氏族领地抢劫牛群，偷盗粮食或者破坏其他氏族的土地。"①

---

① CATHCART A. Kinship and Clientage：Highland Clanship 1451—1609［M］. Leiden and Boston：Brill，2006：61.

服务员端来了五杯加冰苏格兰威士忌（Scotch）。朱莉举杯说："盖尔语 Scotch 意指生命之水。英格兰国王曾经下令禁止饮用，但生命之水从未枯竭，喝了生命之水，我们就是朋友了。为了友谊，干杯吧，盖尔人！"

苏格兰威士忌的辛辣转为热情驱散了寒意。共饮变成泡沫大战后的和解仪式。虽然乔治三世（George Ⅲ，1738—1820 年）的确颁布了禁酒令，但彼时苏格兰和英格兰已经联合，乔治三世已经是联合王国国王，而不单是英格兰国王。朱莉特意强调他只是英格兰国王，旨在将王权树立为盖尔各族的共同敌人，淡化了麦克唐纳德和坎贝尔之间的矛盾。其实坎贝尔氏族自 1688 年光荣革命开始，就是新教国王威廉三世的坚定支持者，族长阿奇博德因宗教原因在荷兰避难，并与威廉建立了深厚的友谊。① 但安妮并未出言反对，毕竟禁酒令是事实，今晚的共饮是和解的象征。

当我问及盖尔氏族是否也有共饮化解仇恨的仪式时，安妮给了我肯定的答案。

安妮说："共饮通常发生在氏族联姻的场合。我们坎贝尔跟麦克格里格（MacGregor）也经常冲突还有血仇，调解冲突最好的办法就是联姻，至少姻亲所在的各支之间矛盾可以缓解，而且能够分担政治风险。举个例子，麦克格里格家最出名的人物就是绰号'红酋罗伊'的罗伯·麦克格里格（1671—1734），国王屡次下令抓捕绞死红酋罗伊，但在坎贝尔族长的保护下，罗伊安然无恙，最后寿终正寝，因为罗伊的母亲

---

① ROBERTS J. Clan, King and Covenant History［M］. Edinburgh：Edinburgh University Press，2000：171-172.

来自坎贝尔，而且是族长的姑妈。婚宴上亲家共饮最寻常不过了。"

除了酒，食品也是特色食品。

"不是所有的威士忌（Whisky）都有资格叫 Scotch。Scotch 专指产自苏格兰年份超过三年的酒，产自其他地方或年份少于三年的只能叫 Whisky。Scotch 酒厂多半位于高地，仍沿用传统的麦芽发酵工艺，"安妮晃着酒杯，得意地说，"再尝尝这个黑布丁，高地酒搭配高地食物。"

我好奇地看着眼前黑色的香肠片，"黑布丁（Black pudding）是用动物血、脂肪、燕麦做成的香肠，布丁一般指甜点，有时也指开胃菜。过去高地物产有限，我们利用一切可以获得的食物填饱肚子。黑布丁里瘦肉很少，脂肪比较多，热量高，人们容易吃饱。高地的斯托诺韦地区据说是黑布丁的原产地，如今受到专利保护。除此之外，我们还吃羊肝。你吃过哈吉斯吗？里面就掺杂了羊杂。"朱莉耐心地为我们解释，拿起一片扔进嘴里。

"很多人不吃黑布丁和哈吉斯，他们认为羊血和羊肝很恶心，只有穷人才会吃。但黑布丁和哈吉斯本来就是平民食物，它们和苏格兰威士忌一起陪伴我们盖尔人熬过高地的寒冬。"安妮补充道。

饮食，尤其是苏格兰威士忌的广泛流传，很难再将其作为固定的文化标志，但饮食起源与高地的环境条件有着密切联系，威士忌和黑布丁可以引发历史联想。即使离开原生环境，一旦接触到那些具有特定文化含义的食品，就会引发对该文化的联想。①

从泡沫大战上的"冲突"到晚上的共饮"和解"，安妮和朱莉对氏

---

① 何彬．生活表象与文化认同——日本新华侨华人群体试析［J］．中山大学学报，2007（3）：13-18，124.

族关系的模仿行为不仅是面向历史的回忆，而且是指向当前和未来的描述。"对过去的阐释服务于现在的需要，产生于共同体肯定、证实自身的需要"①，尽管安妮和朱莉未曾体验真正的氏族冲突与和解，但她们以历史为参照，生产当下和未来的盖尔文化认同。原本对立的氏族后裔以和解作为结尾，其目的是"肯定其集体性和共同性"②，增强盖尔文化认同的亲和力。为了增强盖尔文化的包容性，氏族冲突不仅要以"和解"为结尾，而且在历史表述中也需要淡化处理。

第三节　历史的记忆与遗忘

一、创伤记忆的凝聚力

朱莉又帮我结识了一位来自斯凯岛的盖瑞，他是兼职盖尔口语教师，主职是西海岸高尔夫球场的经理，还曾经是斯凯岛麦克唐纳德氏族博物馆的讲解员，2005 年因工作原因与太太搬到圣安生活。11 月月底，盖瑞和菲奥娜组织了格伦科谷一日游。留学生收到通知，开始困惑地查找格伦科谷的位置。听说格伦科谷位于高地，大部分人就打了退堂鼓，因为 11 月底高地天气十分恶劣，多有暴风雨，最后包括朱莉在内只有七人报名。当我问安妮是否参加时，安妮意味深长地说她不适合出席，

---

① 赵琼. 国家认同建构中的历史记忆问题——以对共有祖先的追述为视角 [J]. 中国政法大学学报，2014（3）：86-93，159-160.
② 阿兰·梅吉尔. 记忆与历史理解 [J]. 张旭鹏，译. 学术研究，2005（8）：4-9.

也没多做解释。

出发当日天气果然十分糟糕，盖瑞开车从圣安出发沿着 A918 公路西行。车身不时被风吹得摇晃，他双手牢牢抓住方向盘。菲奥娜打开车载广播，知道高地的一些道路已经封锁了。学生们面面相觑，盖瑞心情却丝毫不受影响。车载广播里说："欢迎来到高地，暴风雨是高地特色，只有夏天才有短暂的晴天。"朱莉也不以为意，跟着广播音乐打起了拍子。

驶入高地，两侧群山连绵不断，植被枯黄，山体呈现红褐色，天空也是阴郁的铁灰色，视线所及的唯一亮色就是山顶的积雪。"越靠近格伦科山谷山就越高，跟爱丁堡的荷里路德山一样，都是死火山，"大家透过密集的雨帘看向莫尔山，盖瑞骄傲地继续说，"我们盖尔人坚忍不拔，我们住在死火山上，是不是很酷？古代没有公路，直到 18 世纪中期，许多盖尔人连鞋子都没有，我们靠双脚从高地走到低地。路上要设法绕过敌对氏族，到结盟氏族投宿，如果不幸被敌对氏族发现，一场决斗恐怕在所难免了，好结果是被俘等着家里送赎金，坏结果就是丢命。"

风雨更加猛烈，雨水顺着山涧流下，来往的车辆溅起水花。在大家变得不安之前，终于到了格伦科谷三姐妹山。三姐妹山海拔不高但雨水已经结冻，形成薄冰，山体陡峭几乎垂直于地面。车停了，大家却缩在座位上不动。盖瑞解开安全带站起来面向大家，说道："我知道你们也许在后悔不该冬季来高地，没人喜欢吹风淋雨。可我现在带你们来自有原因。你们能在寒冬的深夜翻越前面的三姐妹山吗？"盖瑞终于开始解释旅行的目标。大家纷纷摇头，有人大方承认即使风和日丽也难以翻越。

"我跟你们保证，格伦科的天气在 2 月会更糟糕，暴风雨会变为暴风雪，不过届时我们就不可能开车进山了。然而就是在 1692 年 2 月 13 日晚，麦克唐纳德们却拼命冲向三姐妹山寻找生路，身后是紧追不舍的屠刀和火海，这就是麦克唐纳德最悲惨的历史——格伦科屠杀案（Glencoe Massacre）。"

1688 年光荣革命后，荷兰执政威廉（William Orange）赶走了詹姆士二世，和妻子玛丽（Mary II）共同加冕为英格兰君主。1707 年苏格兰才与英格兰联合，共同组成联合王国。

盖瑞将威廉和玛丽称为英格兰君主，这个说法也与事实有一定出入。早在 1603 年斯图亚特王朝从苏格兰入主英格兰，不列颠岛就实现了王权合并，君主既是英格兰也是苏格兰国王。百余年后的 1707 年，英格兰和苏格兰以议会联合的方式完成了不列颠岛整合。盖瑞的表述有个概念转化，他承认支持麦克唐纳德的詹姆士二世是英格兰、苏格兰共同君主。通过补充 1707 年议会联合，隐去 1603 年王权联合，暗示与坎贝尔联系紧密的威廉和玛丽只是英格兰君主，从而将威廉针对盖尔氏族尤其是麦克唐纳德的法令预设为越权行为，这为他下面的叙述做铺垫。

1691 年 8 月，威廉诏令高地各族族长必须在 1692 年 1 月 1 日之前，到地方法官处宣誓效忠。格伦科谷 12 月中期才收到诏令，麦克唐纳德分支领袖麦克伊恩动身前往威廉堡宣誓，12 月 31 日抵达威廉堡，却被告知必须到因弗拉雷宣誓。由于冬季的恶劣天气，麦克伊恩又花费了三天时间才抵达因弗拉雷，而地方官正在家中庆祝新年，最终麦克伊恩 1 月 6 日才宣誓效忠。威廉趁机决定教训麦克唐纳德，以震慑其他氏族，威廉选中了坎贝尔为计划的执行人。

我突然明白了安妮·坎贝尔意味深长的眼神和微妙的表情。

威廉指示坎贝尔在隆冬深夜动手，让麦克唐纳德无路可逃，躲入深山也必然冻饿而死。1692 年 2 月初，一伙坎贝尔敲开了麦克唐纳德的大门要求借宿。两家虽然素有嫌隙，但高地人仍讲待客规则。坎贝尔们得到热情招待，包括干净衣物和丰厚食物。这伙坎贝尔很会作态，显得友好大度，落得宾主尽欢。2 月 12 日，坎贝尔收到威廉的指令，要求杀死所有麦克唐纳德人，老人、妇女、小孩均不得幸免。主人在睡梦中惨遭杀害，惊醒的麦克唐纳德开始反抗，但是手无寸铁的他们逃不掉死神追杀，女人试着带着孩子逃往深山，但是寒冬的夜晚举步维艰。很多人被坎贝尔追上杀死，侥幸脱逃者冻死于深山。

我看了一下四周，学生们无不动容，有的人面露遗憾，有的则带着一丝愤怒，车载 CD 正在播放根据格伦科屠杀改编的民谣歌曲，印证盖瑞的说法。我忍不住询问械斗流血是氏族社会常态，格伦科案何以被称为屠杀呢？

"从死亡人数来讲，格伦科屠杀在氏族冲突中并非重大。可怕之处在于它对古老互信制度的践踏。我们盖尔人的习俗是有人走到门口借宿，就必须收留他。如果我们欢迎客人，就会为他准备热汤热饭，如果不欢迎客人，就只给他一份面包和咸肉，客人第二天会自觉离开。麦克唐纳德热情地招待了客人，客人享受款待后却在主人的屋檐下动手灭族，这样践踏礼俗、背信弃义、闻所未闻，虽然坎贝尔只是威廉的帮凶。"

盖瑞告诉我他在麦克唐纳德博物馆工作时，从一本回忆录上得知格伦科屠杀案的详情。我按照他提供的信息，找到了 1695 年出版的《格伦科屠杀实录》①，书中基于书信和证词详细描述了案件的来龙去脉。这次丑闻在英国引起轩然大波，政府发起问责调查，记录是调查报告，引用的书信和证词都是一手材料，真实可靠。

盖瑞的叙述基于这本记录，但描述仍有选择。格伦科屠杀案确实源于威廉巩固王位、打击氏族力量的意图，但真正提议用屠杀的方式实现国王意志，并设计安排各个环节的却是约翰·达尔林普尔（John Dalrymple）爵士。他以书信方式下达了老人、孩子、妇女都必须杀死的命令，也是他联系坎贝尔并提出深冬动手的计划，② 屠杀后调查团主要调查对象也是达尔林普尔爵士。但在盖瑞的叙述中，达尔林普尔从未出现。书中有大量达尔林普尔与其他人的来往书信和命令，盖瑞很难忽视其所作所为。但达尔林普尔还有一个特殊的身份，即苏格兰国务秘书且出身于苏格兰西南部艾尔郡的贵族世家。

盖瑞有意规避高地与低地由来已久的冲突。虽然现在盖尔文化是整个苏格兰的象征，但 18 世纪后期浪漫主义文学运动之前，盖尔人在低地人和英格兰人眼中既凶狠又野蛮。③ 盖瑞强调的集体受难经验是一种凝聚氏族的工具，朱莉在其描述时频频点头，尽管两人都不属于格伦科分支。盖瑞的用心不止于此，因为"并非所有的事件都留在记忆中，

---

① LESLIE C. Gallienus Redivivus, or, Murther Will Out, & Being a True Account of the de-Writing of Glencoe, Gaffney［M］. Edinburgh：Edinbvrgh, 1695.

② LESLIE C. Gallienus Redivivus, or, Murther Will Out, & Being a True Account of the de-Writing of Glencoe, Gaffney［M］. Edinburgh：Edinbvrgh, 1695：6-8.

③ WARD E. A Journey to Scotland：Giving A Character of That Country, the People and Their Manners［M］. London, 1696：8.

而是根据其社会重要性的逻辑被记忆"①。他基于当下苏格兰多元文化群体和平交往的现实重新分割历史记忆,通过低调处理高地与低地的矛盾,将矛头直指国王威廉。麦克唐纳德成为氏族的缩影和代表,格伦科屠杀是麦克唐纳德加速衰落的开端,也拉开了诸多氏族走向没落的序幕。其氏族创伤变成盖尔人的集体创伤,现在每年2月,格伦科村庄居民都会举行悼念格伦科屠杀的纪念仪式,定期纪念集体受难经验可以强化并维持认同边界。②

　　盖瑞一方面借用创伤记忆凝聚盖尔人后裔,另一方面又努力消弭高地与低地的矛盾。但坎贝尔作为命令执行者是难以规避的事实,盖瑞通过选择性历史叙述和语言技巧实现目的,必须依靠更具普遍性、历时更长、影响更深的集体经验才能扩大叙事影响。

二、光荣的起义与忘却的洗劫

　　车外依然下着大雨,盖瑞下车打开车门。两年前他带学生到格伦科谷时,狂风吹掉了车门。大家紧紧领口冲进风雨,沿着公路走到格伦科屠杀纪念碑前,这是1883年麦克唐纳德竖立的纪念碑。碑上的十字架是凯尔特样式。盖瑞站在纪念碑前继续动情解说:

　　"格伦科屠杀引起了其他氏族的愤慨和同情,乃至设立调查委员会,但无人能审判国王。达尔林普尔也仅仅受到口头谴责。1707年两兰联合后,大部分盖尔氏族的境遇更加艰难,屡次进行反抗,不仅是为

---

①　蓝达居.历史人类学简论 [J].广西民族学院学报,2001,23 (1):2-7.

②　王明珂.华夏边缘:历史记忆与族群认同 [M].台北:允晨文化,1997:58.

了自己，也是为了苏格兰重获自由，贵族和商人为了金币出卖了国家，盖尔人不为所动。1745 年起义，是我们盖尔人最大规模的起义，也是最后的起义。"

"虽然当今苏格兰人对 1707 年联合的见解不一，但苏格兰代表收受贿赂的说法并非空穴来风，当年一位苏格兰代表乔治·洛哈特爵士（George Lockhart）揭露了此事。"

"1706 年 4—6 月，英格兰、苏格兰各派 31 名代表在伦敦协商《联合条约》，洛哈特在回忆录中记录了英格兰财政部与苏格兰代表团团长昆斯伯里（Duke of Queensberry）公爵的书信往来。昆斯伯里写道：'我已经承诺支付某些议员一笔资金，如果资金没到位，他们会很失望，投票就不出现我们期望的结果。英格兰财政部随即宣布，一旦联合，398085 英镑零 10 先令即刻付出。'"[①]

盖瑞的描述将盖尔氏族与封建王权的制度冲突转化为苏格兰与英格兰的冲突，起义是为了苏格兰的自由独立。格伦科的受难记忆和不了了之的审判结果成为国王苛待盖尔人的证据，王国联合则是卖国叛变的金钱交易。这些铺垫都为盖尔起义提供了正当理由。雨势太大，我们赶回车上听盖瑞继续讲解。

"盖尔人多半是斯图亚特王朝的坚定支持者。1745 年詹姆士二世（James Ⅱ）的孙子查理从法国出发到高地拜访诸多族长，受压迫的盖尔人一呼百应揭竿而起为氏族而战。各氏族放下械斗，同仇敌忾，盖尔

---

① LOCKHART G. The Lochhart Papers: Memoire and Commentaries upon the Affairs of Scotland from 1702 to 1715［M］. London: Richard and Arthur Taylor, 1817, Vol. Letter 2 M.

军队势如破竹，迅速占领苏格兰，且一度攻至离伦敦不足 150 英里的德比市。可惜查理孤军深入补给不足，原本正在欧陆佛兰德作战的英格兰精锐部队回援本土。盖尔军队转而节节败退，先撤出英格兰，然后苏格兰的占领区也不断缩小。族长们疲惫饥饿，已经预见了失败的结局，但依然拒绝投降，最终在库伦登背水一战。"

"氏族武士跟随族长战斗，人们亲眼看着亲人倒下，有的是父子同时倒下，有的是兄弟先后阵亡。武士一心为自己的族人复仇，手持简陋的武器，拼命向前冲去，不顾落下的炮弹。死神降临时能与族人在一起就是福分。"

我前座的菲奥娜和旁边的朱莉不时附和，对盖瑞大为赞同，朱莉补充说："来自科坡奇的麦克唐纳德也参与了起义，我父亲和我就属于科坡奇分支。"朱莉立刻收获了其他学生的目光，这些目光略带钦佩和好奇。

盖尔氏族有一种迷思，即"虽然氏族间冲突竞争，但历史证明，无论何时只要苏格兰的自由受到威胁，各氏族就会联合起来捍卫国家利益，1745 年起义就是证明"①。盖瑞有关 1745 年起义的知识来自他在氏族博物馆的经历，根本是一段导游词。他把由高地、低地共同组成的起义军描述成盖尔军队。这场 1745 年起义经过叙述就成了盖尔人代表苏格兰对英格兰的战争，仿佛所有苏格兰氏族不计前嫌且不受英王分化。然而，1745 年起义恰恰是盖尔氏族之间的一场政治立场分歧，麦克唐

---

① FRANK A. The Clans, Septs and Regiments of the Scottish Highlands ［M］. Doune: Johnston & Bacon, 1965: 108.

纳德和坎贝尔及其附属氏族再次对立并直接投入战场搏杀。①

　　盖瑞眼中的起义军是为了苏格兰重新独立而战的正义之师，但是当军队跨越边界进入英格兰时，就志在财富和王位。盖瑞对此的解释是族长们不愿离开苏格兰，但出于忠诚而服从查理的命令。在进攻英格兰之前，查理王子和军队的盖尔将领起了冲突，"查理意图南下英格兰，全面恢复斯图亚特王朝在不列颠的统治。而盖尔人和低地民众则更关注废除《1707 联合法案》，盖尔首领强烈反对查理南下"，② 不过最终盖尔军队还是妥协了。盖瑞提到德比市只是赞扬盖尔人勇猛团结能以少胜多，对其所作所为不置一词。1745 年 11 月，盖尔军队离开苏格兰，曾穿过卡莱尔南进伦敦。卡莱尔城堡曾被起义军围困，城堡史解说词用了"围困"和"入侵"。英格兰百姓看见盖尔军队后惊慌逃避，盖尔军队沿途洗劫民宅，百姓怨声载道。③

　　记忆与遗忘是相辅相成的。1745 年的祖先起义在盖瑞、朱莉和菲奥娜心中是光荣高尚的，而洗劫英格兰百姓的罪行被选择性地遗忘了。奉斯图亚特王子查理为联合王国正统也为盖尔义军出兵英格兰提供了"尊王攘夷"的道义辩护，洗白了入侵污名。记忆不是对过往的忠实再现，而是一个语境，是对过去的不断更新。④ 传统的氏族社会早已消

① HARRINGTON P. Culloden 1746: the Highland Clan's Last Charge ［M］. London: Osprey, 1991: 61-62.
② FREMONT-BARNES G. The Jacobite Rebellion 1745—46 ［M］. London: Osprey Publishing, 2011: 47.
③ 亚瑟·赫曼. 苏格兰人如何发明现代世界 ［M］. 韩文正，译. 台北: 时报文化出版企业股份有限公司，2003: 150-151.
④ 弗朗西斯科·德利奇. 记忆与遗忘的社会建构 ［J］. 陈源，译. 国外社会科学，2007（4）: 117-121.

失，但一度失去文化身份的盖尔人仍能从缅怀过去中获取力量，更新光辉记忆，搁置负面行径。这是盖瑞、朱莉等盖尔人当前构建集体记忆和文化认同的常用方法。

三、出高地记

"起义被镇压后，盖尔氏族损失惨重，英格兰军队统帅库伯兰公爵下令杀无赦，武士之外的大量无辜普通人也罹难。乔治二世惊讶于氏族武装力量，决心加以彻底铲除并将氏族连根拔起。先是强制外迁殖民地。拒绝离开便烧毁房屋夺走家产，这就是高地清洗（Highland clearances）。国王下令禁止饮用威士忌，禁止穿戴传统服装，没收所有武器。盖尔人流离失所，大部分人举族前往北美。"

朱莉听到这儿微微皱眉。我想起她母亲索菲的麦克里德氏族 1793 年才迁往加拿大，距离起义已近半个世纪。1746 年起义被镇压后，支持查理的氏族遭到英格兰军队的清缴，"数百名盖尔武士被就地枪决或施以火刑，俘虏及其妻女下狱，直至饿死或患病身亡，约 1000 多名盖尔人被押至北美为奴"①。惩罚严厉但到 1747 年末结束。接下来才是真正结束苏格兰盖尔氏族制度的"高地清洗"。

英国史学家用高地清洗专指 18 世纪 80 年代至 19 世纪 50 年代，苏格兰高地经济和社会制度变迁引发的大规模人口迁移活动。② 18 世纪

---

① FRY P, SOMERSET F. The History of Scotland［M］. London and New York：Routledge，1995：196.

② RICHARDS E. Debating the Highland Clearances［M］. Edinburgh：Edinburgh University Press，2007：6-8.

末，盖尔氏族制度发生了重要转变，土地由族众共有变为族长私有，族长失去司法权而"急于摆脱氏族成员，追求更多财富"①。在苏格兰启蒙思想家的指导下，变为土地贵族的族长同意推动高地农业现代化，实现经济发展。

朱莉意识到盖瑞叙述中的错误，委婉纠正："起义失败后，氏族武装力量大幅削弱。但氏族制度彻底破坏始于 18 世纪末的高地清洗。你们一定知道亚当·斯密、大卫·休谟、亚当·弗格森这些杰出的苏格兰启蒙思想家，他们的雕像高高矗立在爱丁堡。可是他们的思想给我们盖尔人带来的却是毁灭和流离失所。他们认为盖尔文化是黑暗野蛮的，而启蒙就是要为我们点亮世界。我赞赏启蒙带来的思想解放和经济发展，但它至少在理论方面提供了破坏盖尔文化的理据。"

盖瑞将高地清洗视为乔治二世对 1745 年起义的报复行为，朱莉虽然对起义和高地清洗做了区分，但又将矛头指向了苏格兰启蒙思想家，他们共同隐瞒了氏族族长在高地清洗中扮演的角色。

（一）启蒙思想对商业的辩护

18 世纪西方世界进入了启蒙时代，启蒙思想家"在不同的时间和地点写作，关心的却是同样的问题，也就是如何将创造力从古老的社会体系束缚中解放出来"②。启蒙运动沿着两条思路开展，一条是伏尔泰（Voltaire）、卢梭（Jean-Jacques Rousseau）基于法国高度集权的农业社会，批判专制制度的路线，另一条则是亚当·斯密（Adam Smith）、大

① MACKENZIE A. The History of the Highland Clearances ［M］. Glasgow：P. J. O'callaghan, 1914：xi.

② 弗里德里希·沃特金斯. 西方政治传统——现代自由主义发展研究 ［M］. 黄辉，杨健，译. 长春：吉林人民出版社，2001：76.

卫·休谟（David Hume）、亚当·弗格森（Adam Ferguson）基于"苏格兰 1707 年与英格兰合并、需进一步确认自由宪政体制"① 开创的后革命启蒙路线。

苏格兰思想家迫切希望发展苏格兰经济，缩小与南方的差距，他们致力于彻底变革"落后的"氏族社会制度，构建商业文明，改革首先从农业入手。思想家从三方面论证了发展商业、消灭盖尔氏族制度的必然性。

首先，发展商业可以瓦解族长对氏族成员的约束，解放劳动力，实现个体自由。盖尔氏族的土地所有制是公有制，但族长有权分配土地使用权。氏族土地被划分为条状，氏族佃户需要轮换耕种不同的条状土地，以保证人人有机会耕种最肥沃的土地。② 族长将各片土地分配给承包人（tacksman），承包人再分配给氏族成员。租金上交给氏族内的承包人，承包人按照一定比例上交给族长。所有人的生活水平取决于族长分配的土地状况，这种土地分配制度称为条状耕种（runrig）制度。

在大卫·休谟看来，条状耕种制度使族长作威作福，肆意奴役可怜的氏族成员，氏族成员像奴隶一般，任劳任怨为主人服务。应该转变氏族土地制度，解放氏族成员，将奴隶变为农民，农民通过辛勤劳动，可以获得独立进而变得富裕。③

---

① 项松林. 苏格兰启蒙运动的历史、思想及其现实意义探析 [J]. 浙江社会科学，2009（11）：84-89.

② DODGSHON R. Towards an understanding and definition of runrig: the evidence for Roxburghshire and Berwickshire [J]. Transactions of the institute of British geographers, 1975（64）：15-33.

③ HUME D. Moral, Political and Literary（Vol II）[M]. Indianapolis: Liberty Fund, Inc., 1987：14-16.

自由的农民在财富积累后，也有机会享用族长、贵族的消费品，打破上层社会对特定产品的垄断，削弱包括王权在内的封建权威。农民不断增长的购买力刺激商业的发展，同时壮大了商人群体、促进市民社会的兴起。在约翰·米勒（John Millar）看来，自由的发展"最终会产生一个民主政府，所有社会成员按照相同的比例分享财富和权利"①。享受过自由的人不会再对族长俯首帖耳，他们将以各种方式保障自己个人权利，确保工业进一步发展，财产得到保障，现代文明和艺术将传播至社会的各个角落。从人身解放到民主政府，氏族成员将获得商业精神，完成消极自由到积极自由的跳跃。

其次，启蒙思想家认为氏族社会消失、商业社会出现是进步文明的体现。18世纪中期，法国思想家孟德斯鸠将社会生产模式分为三类：狩猎、耕种和畜牧，1750年杜尔哥（Turgot）将三种生产模式按照先后顺序进行排列，依次为狩猎—畜牧—耕种。亚当·斯密借用了杜尔哥的排列，并增加了第四阶段，即商业社会。

亚当·斯密十分推崇商业社会，"商业社会是指已经完成详尽的劳动分工的社会，个人生产只能满足个体的小部分需求，所有人必须通过交换才能生活"，②商业发展促进社会进步。在商业社会出现之前，盖尔人需要应对接连不断的战争，依附于族长，过着动荡不安的生活。商业的发展增强人们之间的交往，人们在交往中必须文明礼貌，态度友好，经过长期积累，商业建立了一套有序的行为规范和法律体系，从而

① MILLAR J. The Origin of the Distinction of Ranks [M]. Indianapolis: Liberty Fund, Inc., 2006: 238.

② SMITH A. An Inquiry into the Nature and Causes of the Wealth of Nations [M]. Indianapolis: Liberty Fund, Inc., 1981: 37.

遏制战争的爆发，"建立一个良好的政府，保证个体的自由和安全，享受工业发展带来的成果"①。商业发展促进了城市以及资产阶级的崛起，"人们更加向往城市生活，追求知识，与那些野蛮无知的居民保持距离"②。

最后，商业发展有利于消弭盖尔氏族间的矛盾，形成更高层次的道德体系。启蒙思想家认为盖尔社会人际关系只有两种：盟友或敌人。氏族之间基于利益谨慎地选择盟友和敌人，利益随时可以将原来的盟友变为敌人，在氏族内部，氏族成员需要取悦族长以保障自己的利益。这种基于利益构建的人际关系充满了不确定性和猜忌，"每个人都将他人视为竞争者，彼此嫉妒，想方设法将对方置于自己之下"。③

商业的发展产生了一种新型的陌生人关系，陌生人处于盟友和敌人之间，他们之间只是点头之交，不偏不倚，亚当·斯密将这种陌生人称为公正的旁观者，公正的旁观者根据人性中普遍存在的同情心建立交往机制。④ 在氏族社会，基于习俗、血缘建立的人际关系充满了排外情绪，而公正的旁观者根据人天生拥有的同情心建立超越利益、猜忌的新型友谊。同情心产生了移情作用，个体通过理解他人的感受做出判断，评价行为是否恰当。同情心克制人们的行为，形成更高级、更具普遍性的社会道德体系。公正的旁观者规避了仇恨，不再炫耀武力，女性的地

---

① Ibid：404-405.

② HUME D. Moral, Political and Literary（Vol II）［M］. Indianapolis：Liberty Fund, Inc. , 1987：2.

③ PALEY W. The Principles of Moral and Political Philosophy［M］. Indianapolis：Liberty Fund, Inc. , 2002：280.

④ SILVER A. Friendship in commercial society：eighteenth-century social theory and modern sociology［J］. American journal of sociology, 1990, 95（6）：1474-1504.

位也将得到提高，获得丈夫的尊重和喜爱，能在需要技巧和灵敏心思而不是力量的工作中获得一席之地。[①]

通过论证商业发展的合理性，启蒙思想家为扫除盖尔氏族制度提供了理论基础。他们认为变革传统社会的第一步是农业发展进步，农业投资比工业投资更重要。因为在相同数目的投资下，农业产出的数量和比例都高于其他生产活动，增加了国民的财富和收入，迄今为止，用于农业的投资最有利于社会。[②] 高地氏族族长逐渐接受了启蒙思想，决定在高地推进农业现代化。

（二）高地清洗的执行

"我出生在高地斯凯岛（Skye），因为谐音，有人称其为天空岛，其实 Skye 在盖尔语中是雾的意思。岛的西北部有一个遗弃的村落，叫鲍里格村（Boreraig Village），那里曾经是许多麦克唐纳德人的聚居地，如今只有几面低矮破旧的石墙，杂草丛生满目荒凉。岛上的麦克唐纳德氏族博物馆记录了清洗时斯凯岛岛民的遭遇。"

"斯凯岛的农业化进程开展得较晚，从 19 世纪 30 年代开始，岛上的氏族陆续被清洗，50 年代达到了顶峰。1853 年冬季税收官带领一队巡警，闯入鲍里格村。冬季壮劳力都在岛外帮工，巡警破门而入，挥舞着警棍，将主人赶出屋子，妇女抱着孩子号啕大哭，年迈的老人被从床上拖下来，家具被扔出院子。村民苦苦哀求换来的是毒打和咒骂。最后巡警当着主人的面狠狠地关上房门，用新锁锁上，税务官威胁如果敢打

---

① MILLAR J. The Origin of the Distinction of Ranks ［M］. Indianapolis：Liberty Fund, Inc., 2006：146.

② SMITH A. An Inquiry into the Nature and Causes of the Wealth of Nations ［M］. Indian-apolis：Liberty Fund, Inc., 1981：364.

开锁，就杀死主人，最后扬长而去。有的家中只剩老人和儿童，他们被逐出家门无处可去，只能躲进羊圈等待壮劳力回岛。体弱的幼儿还未等到父母回家，就死于饥饿。鲍里格村许多麦克唐纳德被迫远渡重洋，我的祖辈比较幸运，设法在岛东南地区租赁了一块土地，以饲养牛羊为生。"

鲍里格村麦克唐纳德的遭遇是大清洗时期的缩影，但盖瑞没有解释税收官从何处接到驱赶村民的命令。其实，驱赶氏族成员的命令正是来自族长本人。鲍里格村村民的遭遇传出后，族长引用基督的博爱为自己辩护，"他们（鲍里格村民）远离教堂，我是受到仁慈、谦卑和人性的召唤而驱逐他们的"。①

自 18 世纪末期，高地氏族族长已经将土地归为私有，重要氏族族长已经谋得政府公职和爵位。高地土地不适宜耕种，以坎贝尔族长为首的族长们选择发展畜牧业增加收入，并驱逐族人，修建牧场。

族长们以三种方式对待被驱赶的氏族成员。第一是将氏族成员集中到高地与低地交界处，通过与低地建立联系，逐渐形成非农业村庄，氏族成员变成渔民、手工业者、酒厂工人和矿工，② 亚当·斯密论述的劳动分工初步实现。第二种方式是将氏族成员强制运送至海外殖民地。1852 年高地及附近诸岛移民协会成立，协会的宗旨是尽可能多地运送举家迁移的移民。③ 根据协会统计，1852—1857 年，协会与族长们密切

---

① ALEXANDER MACKENZIE. The History of the Highland Clearances ［M］. Inverness: William Mackay & Son, 1914: 211.

② STORRIE, MARGARET C. Landholdings and Settlement Evolution in West Highland Scotland ［J］. Geografiska annaler, 1965, 47 (2): 138-161.

③ Highlands and Islands Emigration Society Rules ［R/OL］. Visual Vault, 1851.

协作，将5000多名流离失所的盖尔人运至澳大利亚。除此之外，族长仍需要一定人手照料牛羊，与族长有亲密血缘关系的亲属被安置在重新规划的小片土地内生活。原先的条状土地制度改为克罗夫特（Croft）制度。克罗夫特是一块用石墙或篱笆围起来的土地，耕种者（Crofter）负责耕种这块土地，直接向族长而不是承包人缴纳租金，耕种者一家也居住在这块土地上。坎贝尔族长阿盖尔公爵是克罗夫特制度的倡导者，他认为"零星分布、集体耕种都是农业改进的障碍，明确一名租户对应一块土地"①。盖瑞家的祖辈正是与族长关系良好才得以逃脱流离失所的命运。

"看，那些牛羊就是大清洗时期引进的品种。"菲奥娜示意盖瑞减速，指向窗外的牧场。牧场围绕着半人高的篱笆，篱笆后面是一群黑脸羊和两头高地博斯牛（Bos Taurus）。博斯牛身形健壮，皮毛浓密，牛角硕大，其形象经常出现在高地贩售的明信片上。菲奥娜接着说：

"现在苏格兰有660万只羊、180万只牛，人口则是530万，牛羊数目超过人口数量。今天苏格兰高地羊毛制品享誉全球，可是畜牧业和农业现代化的背后是盖尔人血泪累累的经历，高地清洗就是另一场'羊吃人'的圈地运动。比起失去土地，更可怕的是氏族的解体和文化的没落。我以前是麦克贝恩氏族的成员，麦克贝恩是小氏族，不仅普通成员失去了土地，连族长都被迫贱卖土地，氏族基本解散，有的迁往美国或加拿大，有的则到大城市谋生。"

高地清洗开启了盖尔人的迁移之旅，各种形式的迁移拆散了以血缘

---

① GRAY M. The abolition of runrig in the highlands of Scotland [J]. The economic history review, 1952, 5 (1): 46-57.

和土地为主要纽带的原生氏族。现今居住在圣安的大部分盖尔人祖辈都有迁移经历，他们虽然因高地清洗而具有了离散经历，即"离开原生文化环境，客居他国或新的文化环境"①，但坚持以族谱方式记住氏族历史，对高地故土怀着幻想和思念。

现在，朱莉、安妮等人又将祖辈的离散经历作为寻根并构建盖尔文化认同的历史依据，过去某些族长的恶行在新的叙述中被隐藏，将1745年起义镇压后被清缴的族长及其氏族成员与半个世纪后氏族迁移的历史做了合并叙述。格伦科屠杀、1745年起义和高地清洗，措辞带有强烈的感情色彩，其叙述构建了盖尔人被王权压迫、愤而反抗，最终失败惨遭报复的框架体系，叙述也由个体氏族遭遇的层面递增为部分氏族的不幸，最终上升为盖尔人的集体创伤。氏族之间以及氏族内部的矛盾都被淡化，主要矛盾变为王权与盖尔氏族的社会矛盾。圣安不是单一盖尔氏族的聚居地，高地清洗是绝大多数氏族的共同创伤，即使是坎贝尔氏族的成员也上演了一幕幕"出苏格兰记"。在氏族混居的圣安，选择性地遗忘或者搁置内部历史矛盾更有利于凝聚盖尔人。

第四节 光荣的盖尔军人

农业现代化时期，部分盖尔人留在英国境内，忐忑地面对城镇新生活。研究英国殖民体系的历史学家习惯以1783年美国独立为界，将大不列颠帝国分为第一帝国和第二帝国。18世纪末高地清洗初期正是大

---

① 刘冰清，石甜. 族群离散与文化离散研究的来龙去脉 [J]. 学术探索，2012（2）：49-53.

不列颠第二帝国崛起时期，军队需要源源不断地补充兵源，许多盖尔人加入了帝国军队。骁勇善战的盖尔军人很快赢得美誉，原本被斥为蛮族的盖尔人变为帝国光荣守卫者，盖尔人逐渐从高地融入大不列颠的殖民体系。

一、一幅家族画像

回圣安后，盖瑞邀请我周日下午到他家喝下午茶。我带了一盒蛋糕敲开盖瑞家的门，他太太玛丽把我引进客厅，茶几上摆着一套精美的茶具，玛丽要为我们冲泡产自斯里兰卡的锡兰红茶搭配甜点。客厅的摆设别有意趣，充满异域风情。一对分立沙发旁的木雕，一颗躺在酒柜里的鸵鸟蛋壳，墙角还有一架老式钢琴，钢琴上方挂着一幅男性半身像。长脸宽额鹰钩鼻，高颧骨，眼神忧郁，金色画框底部用盖尔语写着名字和生卒年，玛丽上前说是查尔斯·格兰特（Charles Grant，1746—1832）。格兰特氏族虽然无法媲美坎贝尔和麦克唐纳德，但曾经有许多杰出的军事家来自格兰特氏族。玛丽得意地介绍：

"我出嫁前姓格兰特，但我是英格兰人。按族谱算，我是查尔斯·格兰特的第7代子孙，但我是女孩，所以这幅画像只是复制品。查尔斯是东印度公司执行委员会主席、威斯敏斯特议会议员。查尔斯父亲曾经参与1745年起义，起义失败后被俘，查尔斯是由叔叔抚养长大。查尔斯当学徒时通过关系，设法加入东印度公司，他在孟加拉国经营染料丝绸贸易，凭借出色的商业头脑，平步青云，升为东印度公司驻孟加拉国商务代表。回国后，查尔斯代表高地因弗内斯郡成为下议院议员，因身体原因卸任议员，荣升为东印度公司董事会主席。查尔斯又提携了许多后辈和其他氏族的年轻人，东印度公司和驻印军队中有许多盖尔人，我们盖尔人忠于职守，作战英勇，所以一直享有美誉，许多盖尔人成为军队的高级将领。"

听完玛丽的描述，我心中五味杂陈，虽然玛丽没有出示可靠证据证明她与查尔斯·格兰特的关系，也许查尔斯只是一个她想象中的杰出祖辈，但一个殖民统治者代表竟然在她心中有如此高的评价。1745年起义虽然使国王忌惮盖尔氏族的武装力量，但也萌生了将盖尔军事力量编入国家军队的意图。1756年英法七年战争爆发，首相威廉·皮特从高地招募了盖尔军团，"共计2000人编为77、78军团投入北美作战，1763年战争结束后，盖尔人分得了北美洲的土地"，[1] 盖尔军团的表现得到了肯定，连曾参加1745年起义、背有反叛嫌疑的戈登公爵及其率领的89步兵团也在1760年参与印度殖民活动。盖尔人在军队中依然保持了氏族特色，获得高位的盖尔军官倾向从家乡招募更多的高地士兵，为无权继承土地的次子和失去土地的年轻人提供谋生之路，而从高地来的士兵天然地亲近盖尔军官。[2] 互惠合作使盖尔人在不列颠军队中获得更多的晋升空间，退役后的军官和士兵，凭借与军队故交的联系和积攒的财富，投身政坛，最终成为威斯敏斯特议会议员。查尔斯·格兰特（Charles Grant）、詹姆士·麦金托什（James Mackintosh）等著名盖尔军事家都是通过这种方式逐渐从权力边缘步入帝国权力的核心。

---

① LLOYD M. The raising of the highland regiments in 1757 [J]. The English historical review, 1902, 17 (67): 466-469.

② MCGILVARY G. East India Patronage and the British State [M]. London and New York: I. B. Tauris, 2008: 179-180.

1815—1914 年的 100 年被称为"大不列颠和平"时期，也是高地清洗时期，帝国的势力无可匹敌，吸引了大量盖尔人走出高地。许多盖尔人长期在殖民地服役，从事海外贸易活动。他们逐渐接受启蒙思想倡导的理性、进步和商业理念，原本在国内被打压的盖尔人在殖民地变成了地位优越的殖民官员，帝国殖民为盖尔人提供了晋升路径，也增强了盖尔人对帝国的认同和忠诚。直到现在，玛丽依然以自豪的语气叙述查尔斯·格兰特的对印政策。

"他推动了福音派基督教在印度的传播，还建立了英语学校。"

"查尔斯为什么资助福音派传道士？盖尔人不是天主教派吗？"我问玛丽。

"1745 年之前很多氏族信仰天主教，这也是他们支持斯图亚特王朝的原因之一。但是起义失败后，天主教氏族遭到清缴，有的被赶往殖民地，有的改信新教。新教内部虽然争斗不断，比如，长老会宗跟盎格鲁宗就互为敌手，但新教各派又联合攻击天主教。现在盖尔人的宗教信仰是自由的，我跟盖瑞都是长老会的教徒。"

盖尔人改信新教不仅仅是宗教信仰的变化，而且传达了放弃斯图亚特王朝、转而支持汉诺威王朝及帝国扩张的意向。英帝国扩张过程中，法国一直是劲敌，盖尔人 1745 年之前一直与法国联系紧密，结成"老同盟"关系。不仅盖尔人，生活在苏格兰的斯堪的纳维亚人、诺曼人也没有强烈的反法情绪。① 法国是天主教国家，反天主教比反法更能激发英国人对帝国的认同和爱国情绪。18 世纪的爱国主义并非今天基于

① COLLEY L. Britons：Forging the Nation 1707—1837［M］. London：Pimlico, 2003：25.

民族国家的情感，而是一种与理念和实践相关的普遍追求，包括人民应
得到解放、进行自我管理、自我征税、享受公民权利的理念。① 这也正
是苏格兰启蒙思想家所提倡的思想，查尔斯·格兰特等人在殖民地的传
教和英语教育等活动中忠实地践行了启蒙理念。

但并不是所有人都像玛丽一样将盖尔文化与帝国认同联系在一起，
对殖民活动的反思也促使盖尔人重新构建盖尔军人的正面形象。

二、诗中的风笛手

12 月的一天，我走到城堡街一栋维多利亚风格的三层小楼前，推
开沉重的木质大门，略带忐忑地走进陌生的小型会议室，这里有一场有
关盖尔文学的内部演讲。走进会议室，一位年逾六十、身穿粗花呢
（tweed）西装的老师坐在沙发上。粗花呢西装跟格子短裙一样都是具有
代表性的盖尔传统编织品。"Hiya"，看见我进来，他友好地用苏格兰
口语对我打招呼，我慌忙自我介绍，彼时，我尚不知眼前这位演讲者是
在英国文学界享有盛名的作家杰拉德。

杰拉德来自一个中型氏族家庭，在学校担任教学工作，兼任英国广
播公司盖尔语（BBC Alba）频道的节目顾问。除英语外，他还用盖尔
语、苏格兰语写作，杰拉德正在筹划一个汉语诗歌翻译活动，经朱莉介
绍，我成为他的活动助理。

一天，杰拉德听完我的研究课题后，送给我一本盖尔语苏格兰地图

---

① KIDD C. North Britishness and the nature of eighteenth-century British patriotisms ［J］.
The historical journal, 1996, 39（2）: 361-382.

册和他出版的诗集。翻开诗集，我发现名为"小历史"的组诗，不仅有对苏格兰历史的感慨，还有对时政的关怀。有的诗歌是英语和盖尔语对照，有的则是英语和苏格兰语共存。其中有一篇长诗《致比尔·米林》，赞颂了第二次世界大战期间英军风笛手比尔·米林。第二次世界大战之前，米林在高地卡梅伦军团服役。诺曼底登陆时期，身形瘦小的米林手中无枪，身穿盖尔传统格子裙，吹着风笛跟战友一起在枪林弹雨中抢滩登陆。风笛自古就是盖尔人的战斗乐器，米林在战斗中不断变换歌曲为战友传达指令、鼓舞士气。

"我父亲和叔叔都是第二次世界大战士兵，他跟米林隶属同一军团参与登陆，可惜我叔叔再也没能回来。我父亲尽管是少校，但他很少提及自己的战争经历，对他来说第二次世界大战是十分痛苦的回忆，他有时愿意给我讲讲米林的故事。海浪冲击着每位登陆士兵，米林不仅要跟其他士兵一样保持平衡，躲避炮火，还需吹奏风笛，他身上的武器只有一把别在高筒袜侧面的匕首和腰间的短枪。为了避免风笛浸水，他要高举风笛，因此他比其他士兵更容易成为靶子。米林吹奏的都是耳熟能详的盖尔民谣。当时来自同乡的盖尔士兵通常要求被编入同一作战单位，以便互相照应。这也造成惨痛的悲剧，当某支队伍遭受重创时，意味着整村或邻近地区的年轻人可能都牺牲了，而同村的盖尔人通常是同氏族的亲友，最后不得不将来自同村的盖尔人分编到不同队伍。"

第二次世界大战结束后，大不列颠帝国逐渐瓦解，在民族解放运动和后殖民理论的推动下，有学者开始反思盖尔人在帝国中扮演的角色。盖尔的传统文化和家园在清洗时期遭到了破坏，高地离散的盖尔人是受害者。另一方面，盖尔人又变为殖民者，在欧洲中心主义和启蒙思潮下将自身不快的经历加诸其他民族身上，以"改造东方的放荡和腐朽的生活，弘扬帝国荣耀"①。

尽管杰拉德的氏族在维多利亚时期涌现了许多高级殖民军官，但与玛丽相比，杰拉德对此不以为然，轻描淡写地带过：

"在盖尔家庭中，长子能获得最好的资源。将长子送入军队并获得晋升通常需要付出举家之力，这牺牲了其他子女的权益。长子有义务照顾其他弟弟和妹妹。有些人从殖民地搜刮了大笔财富后，回国直接变卖了祖宅和土地，母亲妹妹都被抛之脑后，一心在伦敦谋取要职，变卖祖宅是羞耻的，更何况他们已经十分富有。"

杰拉德更喜欢谈论父亲和叔叔在第二次世界大战中的英勇表现，用诗词歌颂盖尔士兵为对抗法西斯的牺牲。除了赞颂风笛手米林，杰拉德还在其他组诗中描写了盖尔村庄因大量年轻人牺牲而陷入荒凉的悲惨境地，缅怀自己从未见过的叔叔。虽然第二次世界大战时期的大不列颠依然是帝国，但杰拉德塑造的盖尔士兵是坚守正义的第二次世界大战英雄，而不是飞黄腾达的殖民军官，反思性地将盖尔文化与殖民思想进行分割。

本章小结

基于族谱、氏族史和离散经历的历史记忆是当今圣安盖尔人重构氏族文化认同的基础，报道人以展演氏族关系的方式在日常生活中表达对

---

① PATTERSON S. The Cult of Imperial Honor in British India [M]. New York：Palgrave Macmillan，2009：38.

传统氏族制度的理解。圣安许多盖尔人及其所属氏族分支都有离散记忆，报道人的历史叙述淡化或超越了氏族内部和氏族间矛盾，选择性地搁置部分历史，强调盖尔人的凝聚和认同。盖尔人在英语文献中经常被刻画为野蛮人，高地清洗时期，盖尔年轻人参军服役，逐渐从野蛮的反叛者成为英勇的士兵，氏族文化镶嵌在国家认同之内。对殖民行为的反思也促使盖尔知识分子以批判的眼光看待"光荣的帝国"，转而强调盖尔士兵捍卫正义、为抗击法西斯所做出的贡献。

第二章

福利保障与盖尔文化发展

冬季的圣安阴雨不断，即使没有降水，也不见阳光，只有冷冽的海风和密布的乌云，酝酿着下一轮降水。学生们穿着防水外套，匆匆赶往教学楼或跑回家。在连日风雨的肆虐下，公寓后院咯吱作响的隔离木板终于放弃抵抗，躺在地上任凭邻居家的小狗跑来探索新领地。

第二天下午，房东找来朋友彼得帮忙修理隔板。彼得·麦肯齐是一位水管工，但也熟悉电路、房顶修理等工作。彼得正值盛年，热情健谈，身材高大但动作灵活。彼得住在圣安镇中心，接到房东的求助电话，他立刻开车赶来，冒雨修理隔离板。当房东询问修理费用时，彼得摆摆手，坚决不收费，连说："我们是朋友，怎么能要朋友的钱呢？"雨水湿透了彼得的外套，他脱下外套我发现里面穿着一件凯尔特足球队的球衣。（附录一）

我邀请彼得和房东丽琪到客厅喝杯中国红茶以表感谢，客厅的茶几上有几张苏格兰议会换届选举的政治宣传单。分别印有苏格兰工党、保守党、民族党和绿党法夫区的候选人。宣传单的样式大致相同，除了绿党候选人马克·拉斯凯尔（Mark Ruskell）身着便装外，其他三党候选人身着正装，面带自信的微笑，照片旁是简短醒目的竞选口号和详细政策的网址。

彼得拿起宣传单随意翻看了一下，感叹道："又是一届选举，二十多年前谁会想到苏格兰能重召议会呢？我现在都记得当时公投的场景呢。"彼得说的公投是1997年在苏格兰地区举行的是否恢复苏格兰议会的表决，而表决结果直接影响当今苏格兰各项社会制度，社会制度和时代背景又影响了文化认同。

第一节　恢复苏格兰议会

一、撒切尔时代的创伤

提起1997年的公投，彼得变得兴致勃勃。

"在1997年公投开始之前，我参加过两次支持苏格兰恢复议会的游行。我跟太太手里挥着象征苏格兰的圣安德鲁斯旗，跟随人群从爱丁堡卡尔顿山出发，前往荷里路德宫。游行声势浩大，但井然有序，没有任何冲突，因为我们游行的目的不是示威，而是希望有更多的人参与公投，支持恢复地区议会。我们自费印制了传单，边走边发给行人，有的行人干脆加入了我们的队伍。"

"我支持恢复地区议会是因为年幼时的经历。我出生在格拉斯哥市的工人家庭，撒切尔执政时期我正在读中学，我还有两个妹妹。我父亲是造船厂工人，母亲是家庭主妇。我父母的收入不高，但足以维持家庭开支。格拉斯哥是苏格兰第一大城市，也是工人阶级分布最密集的城市。"

彼得拿起糖夹，从糖罐连续夹了三块糖放进茶杯。

"英国的阶级文化差异明显，连喝茶都有区分。据说我们工人喝茶都喜欢加大量的糖，"彼得半开玩笑地说，"撒切尔经济改革政策出台后，许多国有企业转为私有企业，每天我都看见失业的工人等在救济院（Food bank）门口，领取食物。即使在白天也能看见邻居们喝得酩酊大醉，摇摇晃晃地在街角打架。人们浑浑噩噩度日，眼里一片浑浊，不知未来在哪里。有些人在乔治广场搭了帐篷进行抗议，盗窃、抢劫案件也频频发生。"

"父母虽然极力在我和妹妹们面前掩饰不安，但焦虑的情绪在整个小区蔓延，黑色的消息不断传来，终于有一天，轮到我父亲了。我记得我回到家，推开门发现母亲正抱着妹妹大哭，父亲陷在沙发里，失魂落魄，听见动静，勉强地挤出一句'彼得'。那一刻，我竟然觉得一丝轻松，该来的终究是来了。"

"你知道经常挨饿的滋味吗？我知道。我父母已经尽量将肉类和牛奶留给我和妹妹，可是我正在长身体，总是感到饥饿，看见一朵红蔷薇都能想象成果酱。"

保守党领袖撒切尔自 1979 年当选英国首相后，推行全方位的私有化改革。"私有化"的核心含义是将国有产权变为私人产权，在此基础上引入配套经济政策，包括以等价或优惠价格出售国有企业，明确政府金融服务和经济管理职能，建立自由贸易区和贸易港等。① 20世纪80年代之前，苏格兰的经济结构以重工业为主，彼得出生的格拉斯哥市曾经以造船业、煤矿业和纺织业闻名。传统工业孕育了工人阶级，格拉斯哥被称为工人阶级政治中心，1933—1977年，格拉斯哥市政府一直由工党控制。② 私有化政策推行后，大量城市工人失业，以重工业为支柱的苏格兰损失格外惨重。1976—1986年，苏格兰制造业就业率下降了35%~38%，即减少132万就业岗位，同期英格兰地区制造业减少66000个岗位。③ 彼得的父亲及其邻居友人跟其他工人一样，难以对抗私有化的潮流，彼得认为盖尔工人更容易变成裁员的牺牲品。

"格拉斯哥的盖尔人比其他工人更加艰难，因为包括我父亲在内的那一代盖尔工人大多来自高地，第一语言是盖尔语，英语有浓重的口音，而格拉斯哥的英语也极富地方特色。失业的盖尔人再就业也比其他人困难。"

"工人举行了多次游行示威，我父亲和周围的朋友抱着最后一丝希望加入了游行。游行结束不久，我们社区就迎来几张陌生面孔。我们生活的社区有许多盖尔人，有的是氏族亲属，而且邻居之间十分熟悉，这些陌生人一来我们就知道他们是便衣巡警。我父母在路上遇到朋友只能匆匆点头而过，多说几句就有巡警上前询问。我父母和他们的朋友更习

① BURTON J. Privation：the Thatcher case［J］. Managerial and decision economics，1987，8（1）：21-29.

② BOYLE M，MCWILLIAMS C，RICE G. The spatialities of actually existing neoliberalism in Glasgow，1977 to present［J］. Geografiska annaler，series B，human geography，2008，90（4）：313-325.

③ MARTIN R. The political economy of Britain's north-south divide［J］. Transactions of the institute of British geographers，1988，13（4）：389-418.

惯用盖尔语交流，经常引起巡警的怀疑。这些巡警不是本地警察，因为苏格兰各地都有示威，为了'大公无私'，巡警必须交换执勤地区。我曾经以为撒切尔会采取温和的政策，没想到工人绝食抗议时，你猜撒切尔说什么？她说：'那就饿着吧。'"

彼得毫不掩饰地批评私有化政策，提起撒切尔时甚至无声地呸了一下。房东丽琪在旁不时张张嘴，她为彼得递上牛奶和饼干，巧妙打断彼得。丽琪与彼得同龄，是出生在圣安的盖尔人，同属麦肯齐氏族，她语气温和地提出略有不同的见解。

"绝食的示威者并不是普通工人，而是爱尔兰共和军的领导人。我想盖尔社区被监视不仅是因为失业游行，还与北爱尔兰动荡的政局和暴力活动有关。"

苏格兰地区的盖尔人是经由爱尔兰迁移来的凯尔特人部落，从地理和民族角度来说与爱尔兰联系更加紧密。历史记录显示1428—1649年，爱尔兰领主经常雇用高地氏族武士为其作战。1428年，爱尔兰提康奈尔（Tír Conaill）地区领主尼尔·多哥尼尔（Niall Garbh UaDomnaill）雇用了一批高地盖尔武士进攻卡里克弗格斯城堡，这是最早的有关季节性雇用苏格兰士兵的记录。[①] 这些盖尔雇佣兵被称为"红脚鹬"，因为即使在最冷的季节他们也勇于赤脚过河。不同于武装随员，"红脚鹬"不签长期合同，只做短工。

"红脚鹬"雇佣从16世纪下半叶开始逐渐流行开来。"红脚鹬"武士通常受雇于爱尔兰西北地区泰伦（Tyrone）郡的领主，参与反抗英格

---

① DUFFY S. Medieval Ireland: An Encyclopedia [M]. New York and London: Routledge, 2005: 334.

兰对阿尔斯特地区的军事占领，据英格兰人估计，16世纪90年代之前有超过6000名"红脚鹬"武士。① 直至克伦威尔占领爱尔兰后，"红脚鹬"武士在苏格兰高地和爱尔兰之间的流动才被切断。

私有化政策是在撒切尔信奉的经济新自由主义思想指导下展开的。经济新自由主义认为扩大妇女和少数族裔的政治经济权利，使其融入政治经济体系，是使得战后英国等国家陷入经济滞胀的原因之一。② 经济新自由主义与政治新保守主义结盟，共同反对政治新自由主义倡导的关注少数群体权利的主张。英国保守党推行的私有化政策以及北爱尔兰政局动荡都对盖尔工人阶级施加了格外沉重的压力。这段痛苦的经历也成为彼得支持恢复苏格兰议会的原因。

二、重建苏格兰议会

1997年工党领袖托尼·布莱尔（Tony Blair）在赢得大选后兑现政治承诺，举行有关恢复苏格兰议会的公投。早在1979年，英国政府就组织过是否建立苏格兰立法机构（Scottish Assembly）并授予其一定权利的公投，公投参与率只有32.9%，公投结果无效，以失败告终。但经过撒切尔及其继任者约翰·梅杰（John Major）的私有化改革，1997年公投的参与率直升为60.4%。

"我现在都记得很清楚，1997年公投有关两个问题：第一，是否同

---

① DUFFY S. Medieval Ireland：An Encyclopedia ［M］. New York and London：Routledge，2005：335.

② 张纯厚. 当代西方的两种新自由主义 ［J］. 政治学研究，2010（3）：105-112.

意恢复苏格兰议会；第二，是否授权苏格兰议会调整税率的权力。投票之前我跟盖尔朋友约好，在投票点会合。清早我就迫不及待地换上麦肯齐格子裙，我妻子搭配同样图案的女士领带。我们抵达时投票点还没有开门，但已经有其他支持者站在门口，手里拿着'Yes-Yes'的小标牌。看到我穿着传统服装，有几位支持者冲我友善地一笑。"

"有反对派站在那里吗?"我问。

"我没有看见。不久，我的朋友和他们的家属就来了，我们干脆把赞成放权的人叫来，大家一起合影，大家笑得很开心，闲聊几句我们竟然在陌生人之中发现了另一支麦肯齐成员。然后我们走进投票厅各自登记领取选票。我的手是颤抖的，甚至怕自己不小心把选票撕破了。我像个小孩子一样，逐字读着两个问题，看了两遍，然后一笔一画地选了两个赞同。写完之后又检查一遍，才投进选票箱。投进去那一瞬间我就知道爱丁堡议会的大门即将重新打开，我看不出有谁会投反对票。"

丽琪也支持恢复苏格兰地区议会。

"我当时都选择了同意。比起伦敦，爱丁堡更能听见我们的声音，我们有更多的权利决定本地事务。我的祖先为了盖尔族尊严而战，为了自由而战，我当然要支持权力下放。"

"而且请你注意，我们是同意恢复爱丁堡议会，苏格兰曾经是独立的，我们跟英格兰是平等的。我承认苏格兰在经济和人口方面与英格兰有差距，我也清楚联合给苏格兰带来了巨大的发展机遇。但我们没有被征服，而是通过议会表决同意与英格兰联合。对我来说苏格兰议会不仅是权力的回归，更是尊严的回归。我想你一定了解苏格兰历史，1707年我们交出了权力，现在权力回来了，这多么让人兴奋。在英国的盖尔人人口数量太少，我们难以影响下议院选举，比如，我们反对撒切尔的私有化政策，可还是无可奈何。但在苏格兰议会，盖尔人能在高地选区推举盖尔议员，爱丁堡重视盖尔选区的呼声。"

丽琪停顿了一会，看着手中的茶杯，脸上带着一丝笑容，似乎回想起 1997 年的场景。丽琪和彼得强调的平等地位是 1706 年苏格兰代表团在谈判时努力争取的政治地位。联合在 1707 年已经变为大势所趋，英格兰需要苏格兰的政治支持，断绝苏格兰与法国的同盟关系，保证无后顾之忧；苏格兰达连殖民计划失败后损失惨重，希望获得准入英格兰殖民地的资格和财政支持。双方政治家和思想家就联合的形式进行了激烈交锋。

英格兰政治家希望实现融合式联合（incorporation），即实现基于英格兰文化的宗教、语言、法律、政治制度的全面统一。英格兰政治家做了一个类比，"头与身体必须保持一致，如果我们不能彼此融合，联合王国就像猫面前的黑布丁，只要任何一方感到饥饿，布丁就消失了"。[1]

苏格兰政治家和学者坚决反对融合，提出了邦联式联合（confederation），保证苏格兰与英格兰的平等地位和文化完整性。作家詹姆士·霍吉斯（James Hoggis）认为"融合不是真正的联合，邦联式或者联邦式（federal）联合既能保障双方的民族、法律、习俗特点，又能为了共同利益展开合作"。[2]

谈判的结果是双方各让一步，苏格兰以平等的联合方式与英格兰共

---

[1]　WHATLEY C. The Scots and the Union［M］. Edinburgh：Edinburgh University Press，2006：248.

[2]　KIDD C. Union and Unionism Political Thought in Scotland，1500—2000［M］. New York：Cambridge University Press，2008：69.

同组成联合王国，"保留司法和宗教独立，但苏格兰议会解散，选出 45 名下议院代表和 16 名上议院代表，加入英格兰议会，共同组成威斯敏斯特议会"①。但是《1707 联合法案》通过后也引起了苏格兰阶层的政治对立。苏格兰上层贵族和商人急于弥补殖民投资失败后的巨额损失，渴望加入海外殖民贸易。然而，自 1706 年夏天以来，"100 多个地方机构和团体、来自底层和中层的民众共发表了 79 篇演讲，20000 多人签名的请愿书提交议会希望否决联合"②。随着条约逐渐通过，民众变得更加愤怒，称王权派为"叛徒"，爱丁堡、格拉斯哥发生了骚乱。③

彼得和丽琪的父母都属于工人阶级，加之撒切尔时期的遭遇，难免对联合的过程略感不平，他们认为王国历史和当前平等的政治地位是苏格兰获得相关自主权力的基础。

根据《1998 苏格兰法案》，苏格兰议会获得地方立法权，苏格兰政府得以组建并管理地方事务。1999 年 7 月 1 日苏格兰议会正式恢复，女王伊丽莎白二世出席了开幕仪式。

当我问起苏格兰议会恢复之后，盖尔人的生活发生了哪些变化，丽琪仔细思考了一会，坦白地说：

"在制度保障下，盖尔文化教育得到了发展。我很难一一举例，你为什么不来参加我们的活动，亲自感受一下呢？"

丽琪邀请我参加圣安德鲁斯大学盖尔语课程，她说我可以免费旁听

---

① UK Parliament. Act of Union 1707 .

② BOWIE K. Scottish Public Opinion and the Anglo-Scottish Union, 1699—1707 ［M］. Suffolk：The Boydell Press，2007：115.

③ DEFOE D. Letters of Daniel Defoe, 133 ［M］. BOWIE, KARLIN. Scottish public opinion and the Anglo-Scottish union, 1699—1707. Suffolk：The Boydell Press，2007：140-141.

一节课。她认为在那我可以得到更好的答案，并感受到盖尔文化的复兴。

第二节　教育制度改革与盖尔文化复兴

一、从禁言到鼓励

丽琪是圣安德鲁斯大学正式教员，主要教授英语和盖尔语。英语课程主要针对外国预科生，盖尔语课程的学员基本为英国人，尤其是苏格兰人。丽琪负责的课程是盖尔语文学，口语课程除讲师外还有助教，助教通常为盖尔学生，这些盖尔学生也是学校凯尔特学生社团的骨干成员，每周收取极低的学费在校园教授盖尔凯利舞。

圣安德鲁斯大学的盖尔语课程从初期到高级分为四个等级，适用于不同层次的学生。每学期有 10 课时，初级班每课时 1.5 小时，高级班 2 小时。每学期学费仅为 100 英镑。2004 年经苏格兰议会批准，苏格兰政府推出名为苏格兰个人学习账户的（Scotland Individual Learning Accounts）教育政策，为苏格兰居民提供不同等级教育补贴。年收入不足 22000 英镑、年满 16 岁的苏格兰居民都可以申请补贴，圣安盖尔语课程补贴为每年 200 镑，恰好覆盖全部学费。

盖尔语课程不仅面向校内学生，而且面向成人，因此课程安排在晚上。周五晚上七点，我跟丽琪走到教室。推开教室大门，里面有六位学生，其中一位是年逾六旬的男士丹尼·麦凯伊。丽琪快步走在前面，我紧随其后，六人惊讶又好奇地看向我。丽琪看出我的尴尬，立刻为我解围，向其他人介绍我的身份和研究课题。那位男士爽朗地笑称中国人来英国研究他们盖尔人，这可真是缘分，请我坐在他的身边。

丹尼是学校保安组人员，出生在高地刘易斯岛，第一语言是盖尔语，现在依然有高地口音，丹尼是课堂上少有的第一语言是盖尔语的学生，他直接从高级班开始听课。课间时间，丹尼跟我说起他来上课的原因。

"刘易斯岛的居民多数为盖尔人，大多数是渔民和克罗夫特耕种者（Crofter）。我父亲就是农民，英语说得磕磕绊绊，我母亲是纺织女工，不会说英语。学校大部分学生的第一语言都是盖尔语。我上小学时老师要求我们说英语，如果被老师发现我们在学校说盖尔语，我们就会被痛打一顿，挨骂更是家常便饭。所有的课程也是英语教授，校长和老师反复强调只有学好英语才能离开刘易斯岛，到大城市找到工作。学不会英语就是智力有问题，因此学校的老师经常骂我和朋友是蠢货。于是，我们就在学校说英语，只要一踏出校门，立刻换成盖尔语。16岁那年，我跟着父亲离开刘易斯岛四处干活，我们家在离圣安不远的邓迪市，邓迪市房租和物价水平很低。我不愿跟人说话，只是默默跟在父亲后面干活，看着父亲磕磕绊绊地跟客户交流。我怕一开口被人发现自己英语不流畅，被当作从盖尔乡村来的傻小子。我虽然会说盖尔语，可是我对盖尔诗歌、文学根本不了解。我们这一代盖尔人被称为旧时代的最后一批人（the last of former generation），我的家乡还有克罗夫特制度，我们还坚守着许多传统习俗。"

苏格兰是多语言地区，主要有英语、盖尔语、苏格兰语和古斯堪的纳维亚语。盖尔语随着盖尔人自 5 世纪传入苏格兰，800—1100 年是官方语言，盖尔语是继希腊语和拉丁语之后欧洲出现的第三种古老的书面语。① 1100 年低地由盎格鲁人、诺曼人和少数盖尔人组成的王权逐渐崛起，混合了英语、盖尔语和古斯堪的纳维亚语的苏格兰语成为官方语言，盖尔语随着氏族势力的收缩由官方语言下降为高地地区语言。1707年联合王国建立后，英语又替代苏格兰语变为官方语言，在高地清洗时期，随着盖尔人迁往海外，盖尔语传播到北美和大洋洲地区，但英国境内的盖尔语及文化持续走向衰落。② 语言折射了深层次的社会关系、政治制度和文化传统。按照高地传统礼仪，与非盖尔语客人说盖尔语是粗鲁的行为，直至现在许多盖尔人依然用英语讨论公务，即使彼此都精通盖尔语。③ 英语的普及过程是其向盖尔人施加英语权威的过程，"通过施加符号暴力隐藏其背后的权利关系"。④

丹尼的童年时期，学校教育强迫盖尔儿童承认自己的文化和语言劣于英语。英语虽然帮助丹尼等盖尔人更好地适应城市生活，但也造就了英语的文化领导权，"知识分子充当着文化领导权的主要行使者身份"，⑤ 童年教育造成丹尼的文化自卑。在学校设立的语义场中，发言者预设了具有英语读写能力的听众才是有价值的听众，反之，英语听众

---

① MCCLURE J. Why Scots Matters［M］. Edinburgh：The Saltire Society, 1988：6.
② MATHESON C, MATHESON D. Languages of Scotland：culture and the classroom［J］. Comparative education, 2000, 36（2）：211-221.
③ GRANT N. Cultural diversity and education in Scotland［J］. European journal of education, 1984, 19（1）：53-63.
④ BOURDIEU P, PASSERSON J. Reproduction in Education, Society and Culture［M］. London：Sage Publications, 1990：4.
⑤ 孙晶. 葛兰西的文化霸权理论及其质疑［J］. 马克思主义与现实, 2001（1）：80-85.

也认为发言者的发言值得一听。① 直到 20 世纪 80 年代情况才有所好转。

大卫②是大学老师，跟丹尼一样来自刘易斯岛，但分属不同氏族。大卫今年不到 30 岁，与丹尼是熟人。当我问大卫是否在学校因说盖尔语而被责骂殴打时，大卫首先茫然地看着我，问我为何有如此想法，听完我的解释后表示以前确有此事。

尽管 1965 年苏格兰教育委员会的报告要求小学必须将盖尔语作为一种交流语言加以重视，但直到 20 世纪 80 年代中期盖尔语言教育才取得实质性发展。③ 1984 年，在威尔士语言复兴运动的影响下，盖尔人逐渐要求恢复盖尔语学校。1985 年苏格兰事务部与苏格兰地方教育委员会签订协议，同意建立专项基金发展盖尔语言教育及相关组织。④ 1984—1994 年，盖尔语学校由 2 所增长至 47 所，学生由 24 名扩招为 1200 名。⑤ 与丹尼相比，大卫为盖尔文化感到自豪。

2005 年苏格兰政府出台《盖尔语法案》（2005 Gaelic Language Scotland）旨在保护发展盖尔语及盖尔文化。法案将盖尔语列为苏格兰官方语言，与英语享有平等地位。法案也对盖尔语教学做了目标规划，计划在 2017 年前继续增设盖尔语课程，增加盖尔人就业机会，发展盖尔艺

---

① BOURDIEU P. The economics of linguistic exchanges ［J］. Social science information, 1997, 16 (6)：645-668.

② 应报道人要求，隐去其氏族姓氏。

③ Scottish Office Education Department. Provision for Gaelic education in Scotland ［R］. a report by HM Inspectors of Schools. Edinburgh, 1994：7.

④ SUTHERLAND M. Problems of diversity in policy and practice：Celtic languages in the United Kingdom ［J］. Comparative Education, 2000, 36 (2)：199-209.

⑤ MATHESON C, MATHESON D. Languages of Scotland：culture and the classroom ［J］. Comparative education, 2000, 36 (2)：211-221.

术文化。

丹尼感受到最近 20 年盖尔文化地位的提升。

"现在即使在刘易斯岛，学生们也允许说盖尔语了。我感觉不仅在苏格兰，而且在英国境内盖尔文化都受到重视。2008 年英国广播公司开设了盖尔语频道，栏目十分丰富，经常会播放盖尔民谣歌曲。我有一位英格兰朋友曾激动地跟我说，'嗨，丹尼，我听了盖尔民谣，我虽然听不懂内容，但我觉得动听极了'。"

"我妻子是威尔士人，她会说威尔士语，威尔士每年都会举行盛大的威尔士语诗歌朗诵会。我们刚认识的时候，我妻子十分惊讶我竟然对盖尔语诗歌知之甚少。我儿子在爱丁堡大学学习盖尔语诗歌，他鼓励我尝试一下。我的年收入不足 22000 镑，所以拿到了政府补贴，全额免学费。"

苏格兰地方政府经过换届选举，经由不同政党组阁领导，但其鼓励支持盖尔文化的政策却得到历届政府的贯彻执行。语言作为文化编码，承载着使用者的情感和思维方式，政府的政策由压制转为鼓励，使盖尔语超越地方，在英国全境得到重视，为英国文化多样性保护做出了贡献。

二、从自卑到自信

大卫和诗人杰拉德是师生，大卫本科就读于圣安德鲁斯大学，研究生阶段就读于牛津大学，毕业后回圣安执教，大卫已经没有高地口音，而是标准的伦敦音。

"你如果听我的口音肯定想不到我是高地人。刘易斯岛的学校虽然允许说盖尔语，但是老师还会强调标准英语的重要性，老师们鼓励我们模仿 BBC 播音员的发音，在刘易斯岛的语言环境下，我们的英语发音有盖尔腔，基本是方言发音。自从本科到圣安德鲁斯大学读书，我的口音逐渐发生了变化。圣安在苏格兰是个很特别的地方，这里有大量的英格兰学生，其他苏格兰大学没有那么多英格兰和欧盟学生。我的专业又是英语语言文学，经过本科阶段的严格训练后我到了牛津。其实牛津还有一套独特的腔调，仔细辨认，跟伦敦音是有差别的，牛津腔是牛津学生的标志之一。不过这不重要，重要的是如果你有浓重的北方口音，私下会被同学嘲笑，有时碰到无礼之人，他们会当面模仿你的北方口音。"

"后来我回到苏格兰，上班时间和社交场合我都会说伦敦音，比如，我现在跟你说的就是伦敦音。我如果用刘易斯岛英语方言，你根本就听不懂。而只要在高地租车，我立刻换上高地口音跟车行讲价。我妻子是英格兰人，我发现她租车时跟我租车是不同价格，车行多收她许多费用。"

我请大卫说几句刘易斯岛方言，大卫轻轻一笑，说了一句话。我听见一个个单词从耳边跑了过去，却完全听不懂大卫说了什么，大卫跟我保证他说的是英语。他换成伦敦音，我发现原来每个单词我都知道，他说许多英格兰人和低地苏格兰人也听不懂高地方言。

"我父母都是工人阶级，刘易斯岛的经济状况不太乐观。按照他们的收入很难支付我从本科到博士的学费，牛津的学费更是难以为继。但幸运的是苏格兰的公立教育完全是免费的，我从小学到本科毕业没有交过任何学费，我的中学是在格拉斯哥一所盖尔语中学度过的，那是一所很好的公立中学。我去牛津上学的学费主要源自苏格兰学生无息贷款和学费资助。毕业工作后，只有年薪超过 21000 英镑后，才需每月偿还超过 21000 英镑部分的 9%，此外我每年还能领取大约 1800 英镑的补助。英格兰的教育制度跟苏格兰完全不同，如果苏格兰没有免费教育和学费资助，我恐怕连本科学位也难以拿到。"

"高等教育可以提升学生的自信。我仔细观察过班级里的盖尔学生在刚入学时不太喜欢参与课堂讨论，发言时也缺乏自信。但基本第一学期结束后，他们变得自信了，也喜欢与英格兰学生辩论历史问题，如数家珍般介绍各自氏族的杰出人物。我在牛津的时候，也有相似的经历，不过更无助，毕竟我是在英格兰。后来我发现自己的盖尔身份给了我发展空间和优势，我了解盖尔文化，我熟练掌握盖尔语和文学作品，毕竟在牛津英文系，会三四门通用语言和拉丁文的学生不计其数，懂盖尔语的学生可寥寥无几。"

1999 年苏格兰政府接管地区教育事务后，立刻制定新的教育政策，规定苏格兰学生从小学到大学本科阶段可以免费就读于公立学校，苏格兰所有的大学都是公立大学。除此之外，苏格兰政府还设立奖学金管理委员会（Student Awards Agency for Scotland），为全日制和在职学生提供学费补助。

与丹尼相比大卫是幸运的。同样来自刘易斯岛的盖尔人村庄，丹尼的童年和青春期生活在盖尔文化遭受歧视的环境下，父母也无力支付大学学费，在 16 岁就跟父亲离开故乡，在城市陌生的文化环境中辗转。1999 年至今，苏格兰政府出台的一系列教育改革政策鼓励大卫等同时代的盖尔年轻人学习盖尔语和文化、历史知识，不仅增强了文化自信，而且为贫困家庭学生提供了接受高等教育的机会。教育制度鼓励盖尔语言复兴，语言塑造着文化认同，他在高校多元文化、人才济济的环境下脱颖而出，弘扬盖尔文化。

第三节　医疗保障与共同体精神

一、病友俱乐部里的温情

大卫不仅支持苏格兰的教育制度，而且对医疗制度也大为推崇，他说："在苏格兰不仅教育免费，公立医院的医疗服务也是免费的，包括就诊、开药，除牙医外全部免费。18 岁以下的未成年人或 18 岁以上的在校生牙医费用也全免。教育和医疗的免费服务需要大量的税款维持，全社会出资为我们支付学费，我们毕业工作后又为其他人支付学费和医疗费用，我认为这是一种社会层面的互助。在免费医疗制度下，我们也可以从个人层面建立共同体互助关系。"

此言非虚，我曾去圣安公立医院就诊，出示学生证预约后，免费就诊并拿着医生处方到医院旁的药店免费拿药。

大卫在一个中风病友俱乐部当志愿者，俱乐部的志愿者多为盖尔人，病友则来自各个族裔，包括波兰和南非移民。俱乐部现在依然需要志愿者，大卫希望我能去帮忙。

周一上午九点，我走到位于镇中心南街的社区活动中心，在门口等大卫。社区中心是栋只有一层楼高的现代建筑，正门并不显眼，需要经过学校的办公楼才能走到门口。不一会儿大卫拿着一大包点心出现了。

大卫推开玻璃门，为我介绍俱乐部（附录二）的具体情况。"俱乐部是为中风患者创立的，已经创立九年了。俱乐部每周聚会一次，活动费用是每人五镑，用于购买茶点和午餐食材。俱乐部原先租用学校图书馆的一个活动室作为场地，后来使用社区中心免费提供的活动场地，节省了大量租赁费用，社区中心是政府拨款支持，镇里的中学也可以申请场地开展课外拓展活动。"

门口右手边是小厨房，设备一应俱全，一位 50 多岁、神情愉快的太太正在边哼歌边做饭。

"早上好，艾米丽。"大卫主动上前打招呼。

"早上好，亲爱的。"艾米丽放下勺子，给了大卫一个拥抱，褐色的眼睛透着温婉善意。

"艾米丽是俱乐部的老会员了，她是大学学生宿舍厨师，厨艺高超！我一直留在这里做志愿者就是因为艾米丽的精湛厨艺！"大卫开玩笑说。

"你喜欢派和蘑菇浓汤吗？"艾米丽轻声细语地问我。

"喜欢极了。"苏格兰烤派配浓汤真是绝妙的搭配。

"那今天一定多吃点。"艾米丽顺手塞给我一块小蛋糕，走到料理台另一边拿搅拌机，我发现她的右脚脚踝是弯的，只能一瘸一拐地走路。

"看，车来了。"一辆依维柯厢车驶入院子。"艾米丽，我们先去活动室等其他人，待会见。"艾米丽点点头，大卫带我匆匆赶往走廊尽头的活动室。

"其他会员来了,我们赶紧把椅子摆好。"大卫边解释边拉开走廊尽头房间的木门。房间有 100 多平方米,中间有七张拼在一起的长桌,房间右边有一个储藏室,摆满各种玩具、椅子和游戏道具。大卫手脚麻利地将椅子搬到活动室。

"艾米丽的脚怎么了?"我悄声问。

"中风的后遗症。她的症状比较轻,其实许多病友已经无法行走了,只能坐轮椅,每周短短的三小时是他们仅有的能出门的机会。中风会影响语言能力,他们当中有人曾是能力出色的工会领袖,有人是公司精干的管理人员,你能想象失去语言能力、不良于行对他们的打击吗?"

很快,一位身形高大的中年男子推着一位坐在轮椅上的女士走了进来,大卫告诉我中年男子叫米诺,也是一名盖尔志愿者。"米诺来自高地小镇威廉堡,现在是医院的救护车司机,每周一他休息,负责开社区的公用车接送不良于行的会员。许多会员并不住在圣安,有人家住离圣安车程一个多小时的城镇,这意味着米诺七点就要出发到柯科迪依次接人,即使是现在(冬季),米诺也没迟到过。"

我拖开一张椅子,为米诺让出地方。"谢谢。你是新来的?"米诺用力跟我握握手。

"暂时还不是,我先带她来熟悉环境,"大卫替我回答,"希望你喜欢这里。"米诺比个加油的手势,又匆匆赶去推其他病友。

"病友来了以后,需要按照他们的喜好为他们倒茶或咖啡。吉姆跟个孩子一样爱吃甜点,经常吃一盘,不能让他吃那么多,否则午餐他就吃不下了。奥莉的茶需要加两粒甜味剂不加糖，帕里要浓咖啡……"
大卫清楚地记着每位病友的喜好，我手忙脚乱地递着热水和牛奶，试着
记住人名和对应的饮品。

我端着咖啡放到帕里面前，"谢谢！"帕里模糊不清地说道，但态
度很真诚，右手不断颤抖，吃力地低下头伸长脖子才碰到杯口，抿一口
咖啡。"姑娘，你，来自，中国？"帕里每个词都要停顿一下，然而我
仍然只能听清大概意思。还没来得及回答，帕里就自顾自地说下去，
"我，中国，那时我还能走路，我，去，日本，你去过吗？圣安有家寿
司店……"由于中风，帕里的语言能力受损，语言逻辑变得有点混乱，
他也许只需要一个倾听者。

大卫和米诺走到病友身边，聊着一周发生的趣事，有的病友则坐下
惬意地品尝甜点。一位身形稍胖的老人走到我身边，灰白色的头发，低
低的额角，一副细框的老花眼镜架在高鼻梁上，厚厚的嘴唇冲淡了高鼻
梁带来的严肃感。我站起来用眼神示意大卫，大卫连忙走过来。"这位
是俱乐部创始人菲利普。菲利普和太太一起创立了这个俱乐部，并且帮
助附近城镇居民筹备了相关公益组织。为了表彰他们的贡献，女王曾邀
请他们去荷里路德宫参加下午茶。"

"都是过去的事啦，下午茶有许多宾客，并不是单独觐见。"菲利
普摆摆手，语速缓慢，但吐字比较清晰。

"菲利普对政坛十分了解，他出生在圣安，曾经是苏格兰地区公共
交通工人委员会的领导人，是前首相戈登·布朗的同事。菲利普以前是
许多选区代表竞相争取的对象，他能影响很多人的投票。"我有点惊
讶，没想到一个小镇的病友俱乐部里竟然藏龙卧虎。

菲利普出身小型氏族 MacF.①，在大氏族冲突不断的时代，MacF. 氏族与其他小型氏族共同组建了联盟，在大氏族之间求得生机，逐渐自成一体，发展成坎贝尔和麦克唐纳德不敢轻视的联盟势力。

菲利普好意邀请我当游戏计数员，希望我尽快融入集体中，我愉快地答应了。病友们最喜欢玩的游戏是名为"宾果"的数字游戏，菲利普声称在全英国宾果是最受欢迎的游戏。米诺和大卫给每位病友发一张印有随机数字的九宫格，计数员面前有一个电子计数器，每按一下就会跳出一个数字，先凑齐九宫格的人即获胜。

"她第一次来，当计数员最公平不过了，肯定不会偏袒任何人。"艾米丽也打趣说。

我负责宣读数字，有时读完有人面露欣喜，有人故作失望，调侃一下数字吻合的人。大卫不时为会员添茶，米诺则走去帮没来得及放棋子的病友核实数字，艾米丽偶尔在我念完数字后，讲一个笑话。最后游戏的胜出者是菲利普。

"菲利普，你就坐在计数员左边，你一定作弊了。"米诺开玩笑。

"没错，她是我的幸运女神。"菲利普冲米诺做个鬼脸。

"你上周也赢了。"米诺交叉双臂，装模作样地摸着小八字胡，"上周的计数员是艾米丽。"

三局过后是午餐时间，艾米丽推着午饭走到活动室，大卫和米诺根据每位病友的要求，将午饭分好送到每个人面前，我负责分发刀叉。艾米丽给我一大份派和满满一碗浓汤，"多吃点。不够再来，我做了很多，待会还有布丁。"

---

① 根据报道人要求，隐去其氏族名称。

"奥利弗，你的番茄酱。约翰，你的棕沙司。"大卫帮助有需要的病友挤好酱汁。

有几位病友吃得很慢很少，可能怕多吃会让别人等自己，最后拿两块布丁放进茶托充饥且不耽误艾米丽收拾餐具，因为 40 分钟后场地必须清空。我心中涌上一阵心酸之感，失去了吃饭的胃口。

收拾餐具时，菲利普介绍起俱乐部创立初期的情况："刚开始人手不足，我就找了盖尔朋友来帮忙，艾米丽自己既是病友又是志愿者，她每周去购买食材，到小厨房帮大家做好。米诺负责接送病友。之前还有一位志愿者，他退休搬回高地了。在这个小小的俱乐部里，我们能彼此帮助，我们是一个共同体。"

类似于病友俱乐部的公益组织比比皆是，但这个小小的俱乐部是基于苏格兰免费健康服务体制（Scotland NHS）建立的。第二次世界大战结束后，英国全境建立了免费、全面的医疗服务体系。撒切尔上台后，实施医疗制度改革，以市场为导向，"将病人变成消费者"①。"政府拨款扶植私立医院，在公立医院中征收病床费，将保健服务承包给个人，NHS 服务由原来几乎全部免费服务改为由病人支付一定比例的费用，个人付费的比例逐渐加大。"② 自 1997 年苏格兰议会恢复后，苏格兰重获医疗卫生事业管理权力，2007 年开始逐渐恢复公立医院的全额免费医疗服务，包括从生育到临终关怀在内的所有医疗服务，2011 年起彻底取消药品收费。虽然英格兰也有健康服务制度，但需要病人自行支付

---

① KLEIN R. Big bang health care reform: does it work? the case of Britain's 1991 national health service reforms [J]. The Milbank quarterly, 1995, 73（3）: 299-337.

② 全继凤. 论英国撒切尔—梅杰政府的国民医疗保健制度 [D]. 湘潭: 湖南科技大学, 2007: 30, 40.

药品费用。

菲利普将俱乐部称为"小共同体"，滕尼斯认为共同体是一种原始的或者天然状态的人的意志的完善统一体，并将共同体分为血缘、地缘和精神共同体。① 病友俱乐部成立之初首先在小镇形成一个异姓盖尔人地缘共同体。俱乐部里无论是病人还是志愿者都拥有不同的背景，分属不同的职业和阶级，学生、工人、中产阶级，每周会聚在圣安一隅，在短短的三小时内，病人暂时忽略自己的不良于行，志愿者远离工作学业负担，参与者达到舒适状态（Well-being）。而在"某一时间段人们在情感、智力或生理层面获得与他人交流的机会。当人们有权在某种社会环境中以完整的身份参与某种生活方式时，才能达到舒适状态"②。病人在俱乐部之外的公共场所，因为行动力或语言能力受损难以享受舒适，俱乐部通过各种游戏、合作为病人提供了一个重新建立完整个体的机会，时间虽短，但俱乐部包含的邻里、朋友情谊推动着病友和志愿者建立了精神共同体的联系。

二、不请自来的"傻瓜"

饭后，我和菲利普、艾米丽在小厨房洗刷餐具，大卫和米诺陪着其他病友聊天，菲利普给我讲了他跟司机米诺相识的场景。

"我中风的时候才 51 岁，坦白说我的政治生涯正在上升期，工作很

---

① 斐迪南·滕尼斯. 共同体与社会——纯粹社会学的基本概念［M］. 林荣远，译. 北京：商务印书馆，1999：60-65.

② RAPPORT N. Of Orderlies and Men：Hospital Porters Achieving Wellness at Work［M］. Durham：Carolina Academic Press，2009：200.

累，我需要大量的酒精和烟草（来提神）。有一天在客厅，我眼前一黑就倒下了，幸亏我妻子在家。我昏迷了三天，再醒来时发现自己左边身体不能动了，也不能说话，我陷入了绝望，我想我完了，一切都完了。我心怀侥幸，寻医问药，幸亏是全额免费，我不必为诊费和护理费发愁。后来我回到圣安医院，在康复中心待了两年。但第一年我依然不爱说话，躲开所有的同事、朋友、邻居，我不想躺在床上看着他们眼中的同情和怜悯，我甚至觉得他们在幸灾乐祸。我不再看新闻频道，不想听到任何政治动向。我明知应该多与人交流，但我很少开口，我厌恶一个无能的自己。康复中心跟本地公益组织建立了合作关系，社区会有志愿者帮忙照顾病人，我拒绝了，我太太十分担忧，但无法说服我。"

"第二年元旦后，一个男人走了进来，他拿着一份报纸。'新年快乐！'他冲我挥挥报纸，'新年新气象，我给你读点新闻怎么样？想知道昨晚球赛的结果吗？'"

"'3 比 1，我早知道了，傻瓜。'我没好气地想，但又无法拒绝，只好任由他坐在我身边。他主动介绍起自己的氏族出身，看我不爱说话，干脆换成盖尔语。后来他每天都来为我读段新闻，有时还会带他儿子来看我，并故意说：'看，酗酒的后果。'我在孩子面前不能反驳，只能哼哼几声。有时他拿来一本故事书，让我给他儿子念书，自己不知跑哪儿去了。或者让我教他儿子盖尔语，他其实盖尔语说得很好，我开始与人交流。半年之后，他带了其他当地志愿者来跟我玩简单的游戏，玩游戏必须开口，出院前，我的语言能力恢复了不少，现在我连驾照都拿回来了。"

"后来我就想自己能否也为其他病人提供一些帮助，我十分清楚中风对病人心理和生理上的打击，如果他们能在交流中获取信心，那会有利于他们走出阴影，于是就有了这个俱乐部。那个善心的傻瓜就是米诺，成立之初米诺就主动提出接送病友，分文不取。我们搬到社区中心后，设立了宣传网站，我发现许多病人申请加入俱乐部，我们不再局限于盖尔人，我们欢迎所有病人加入，我们不想建立一个封闭的小团体，而是想建立一个面向圣安以及周边地区所有病友的组织。"

我不由向米诺看去，他拍拍自己的啤酒肚，正在逗一位老人开心。察觉我跟菲利普的目光，米诺爽朗一笑，跑来帮我们把盘子放在吊橱顶层。米诺挽起袖子，露出大片文身，左耳上戴着三个耳环，剃了光头。这样一位举止言谈不拘小节的铁汉，面对病友的请求时耐心作答，仔细倾听各种日常琐事，有时直接用盖尔语回应英语不流利的高龄会员。艾米丽是虔诚的天主教徒，经常带领教友参与学校为学生组织的公益活动，与牧师礼堂秘书菲奥娜是朋友，艾米丽时而看看病友手中编织的毛衣，时而问问大家下次想吃什么菜品。

艾米丽用眼神向我示意，大卫正在与芬妮聊天，芬妮身旁有一副拐杖，艾米丽说道：

"原本芬妮需要截肢的，后来幸运地保住了左腿。你可以想象芬妮三个月前多么绝望，医生告诉她需要截肢，她才42岁。芬妮是南非移民，丈夫是苏格兰人，几年前不幸去世。她带着女儿住在圣安，只有一个弟弟住在爱丁堡，其余家人在南非。俱乐部能开车的病友轮流到她家去陪着她，手术后我和菲利普带着大家凑钱买的鲜花和礼物，去医院看她。芬妮的脸色虽然还有点苍白，神态却很放松，透着几分豁达，兴致勃勃地跟大卫说着圣诞安排，她的妹妹将带家人从南非探望她。"

俱乐部里也不是时刻和睦，偶尔也有小小的争吵，当我彻底融入之后，会有病友偶尔找我抱怨其他人无伤大雅的行为。玛丽有次走到我身边，手里拿着一大包曲奇饼干，悄悄说：

"这是我自己出钱买给所有人的，我从来不占俱乐部的便宜。但你看这盒卡布奇诺咖啡是杰里米买的，只有他一个人爱喝这种甜腻腻的卡布奇诺。他带来这一大盒咖啡，宣称为所有人买的，然后要求菲利普从公款中支付他费用。菲利普不愿计较，给了他钱。这盒咖啡喝了八个月了，就他一人喝。我就不一样，我经常给大家带甜点。我玩游戏赢了彩头，也放进俱乐部的储钱罐里，从来不自己拿着。"

虽然偶尔抱怨杰里米小气，玛丽仍然与杰里米有说有笑。

病友俱乐部成立之初虽然主要面向盖尔人，但随着俱乐部在圣安和周边城镇影响力的提升，俱乐部迅速调整计划，扩大目标受众，包括外国移民也可以参加俱乐部。社区中心提供的场地支持也希望俱乐部更好地与医院合作，共同帮助病友走出心理困境，俱乐部在医疗制度和地区社会福利制度的保障下运行。氏族联系建立了最初的信任关系，此后病友们交换着日常生活信息，互相关照，建立了更深层的信赖和共享关系。

本章小结

以重工业为主的苏格兰在撒切尔执政时期遭到了重创，大量裁员和各种福利制度的取消引起工人阶级的不满，加剧了社会阶层的分化，工人生活条件恶化，盖尔工人因语言等原因首当其冲。撒切尔时代的经历成为包括报道人在内诸多苏格兰人在 1997 年选择重建苏格兰议会的理由之一。自苏格兰议会获得地方事务管理权后，逐渐恢复了各项福利制度，尤以教育和医疗制度为代表，并设立专项基金鼓励、发展盖尔文化。熟练掌握盖尔语也为大卫增强了竞争实力，在高等院校中脱颖而出。同时通过建立俱乐部，病友们互帮互助，并逐渐扩展至小镇及周围地区所有居民，形成了一个地缘共同体，为病友提供了暂时忘却病痛的舒适空间，并建立了深层互信关系，苏格兰地方福利制度为盖尔文化发展提供了保证。

第三章

盖尔文化与苏格兰象征

圣安德鲁斯日是小镇最重要的节日之一，每年学校在 11 月 30 日举行毕业典礼，小镇到处插满了蓝底白十字的圣安德鲁斯旗，商店尤其是食品店开始出售打折商品，这也意味着圣诞和寒假的到来。

圣诞将至，社区活动中心摆了一棵圣诞树，所有志愿者都收到了俱乐部病友们送来的圣诞卡片和小礼物，菲利普太太珍妮带来了电子琴助兴。

"你圣诞节回家吗？"珍妮问我，我摇摇头。

"我打算在 12 月 23 日晚邀请一些不回家的留学生共进晚餐，你愿意来吗？如果 25 日你也是自己在家，你愿意到我家过圣诞节吗？我家只有一个比你小一点的女儿，不会尴尬的。"珍妮不仅热心而且善解人意。

我眼中涌起湿意，圣诞节期间小镇变得空空荡荡，大部分学生回家与家人共度圣诞。小镇四处张灯结彩，家的味道弥漫在街角的咖啡店，飘过路边的饰灯，落在圣诞树顶的伯利恒星上。我一直努力调动全身的力量抵挡孤独和思念，但在这一刻我放弃了抵抗。

"谢谢！谢谢！我 23 日一定去，圣诞节我跟中国朋友已经约好一起吃饭了。"我不确定自己的眼圈有没有红，只听见自己的声音有点哽咽。

"很好！圣诞节每个人都不应孤单。"珍妮给了我一个拥抱，轻轻拍着我的背。艾米丽好奇地看过来，说："你一定是想你母亲了。"

镇上所有的商家都在折扣季推出优惠活动，连定制盖尔服饰的小店和羊毛制品连锁店都推出了优惠活动，一时间格子飘扬，让人挑花了眼，有的服装店门口干脆放了几个风笛手木偶招揽顾客。

朱莉买了两张话剧票，当作我的圣诞礼物。我接来一看，是根据沃尔特·司各特（Walter Scott）的小说《威弗利》（*Waverley*）改编的同名舞台剧。朱莉说不读司各特，就不懂盖尔文化；没有司各特，就没有今天盖尔文化作为苏格兰文化的象征地位。

第一节　盖尔社会的理想化

一、浪漫主义文学与氏族文化

"如果说启蒙运动摧毁了盖尔传统文化，那浪漫主义文学运动就是在那个过于理性的世界中点燃了情感的火种。司各特不是盖尔人，但他用生花妙笔将盖尔文化传播到世界各地，为盖尔人正名，为氏族正名。苏格兰各地都有司各特的纪念碑、雕像，对普通的苏格兰人来说，司各特是引以为傲的文学巨匠，但对我们盖尔人来说，他还是盖尔文化的守护者。司各特之前，大量游记和文学作品为了满足英语读者的猎奇心理，将盖尔人塑造为野蛮原始人的形象。从司各特开始，文学诗歌才以欣赏、悼念的态度描写已经消失或正在消失的氏族文化。"

朱莉不吝言辞地赞美司各特，正是司各特等人引领的浪漫主义文学运动促使读者重新认识盖尔文化。

虽然 1609 年詹姆士六世通过迫使众族长签署《艾欧耶法案》（*Statute of Iona*），以便削弱氏族族长实力，扩大王权在高地的影响①，然而彼时，盖尔人依然活动在苏格兰高地，与低地和英格兰地区居民接触不多。直至 1689 年光荣革命之后，盖尔人才逐渐卷入王权争夺的斗争之中。在启蒙思想的影响下，同时代作家将盖尔人打上野蛮的标签，并视之为文明应驯服的对象。萨缪尔·约翰逊（Samuel Johnson，1709—1784 年）是英格兰知名作家，1763 年他与友人詹姆斯·博斯威尔（James Boswell）一同到苏格兰旅游，并撰写了《高地西部岛屿游记》（*A Journey to the Western Islands of Highland*）。

书中记载约翰逊一行抵达安诺赫（Anoch）后，在一处农舍休息。

"店主十分有教养，礼貌地招待了我们。我在书架上找到一些书，其中有数卷汉弗莱·普利多撰写的《新约与旧约的联系》。② 我称赞店主英语十分流利，店主表示自己学过英语语法……店主的女儿是一位真正的淑女，我们对她以礼相待，她也落落大方地回礼。她说我们到高地

---

① BROWN K. Kingdom or Province? Scotland and the Regal Union，1603—1715［M］. New York：Macmillan Education，1992：92.

② 汉弗莱·普利多（1648—1724）是英格兰牧师，诺里奇主任牧师，《新约与旧约的联系》是其代表作。

调查是高地的荣幸。她跟她的父亲一样，英语流利。"①

约翰逊游览高地时期，高地已经实行了禁酒禁装令，参与 1745 年起义的盖尔氏族已经被清缴，盖尔族长正逐渐由氏族首领向土地贵族转变。寥寥数语，约翰逊勾勒出两个文明的盖尔人形象。店主和女儿接受了英格兰文化，英语流利，举止符合英格兰社交规则，并且阅读英格兰牧师的著作。女儿仰慕英格兰学者，学者来到家园研究盖尔文化令她感到荣幸。"约翰逊作为帝国代表巡视这片新领土（指高地），扩展帝国的文化控制力"②，这种征服者与被征服者的心态隐含在约翰逊和店主女儿的交流中。约翰逊没有描写爱丁堡，因为爱丁堡早已纳入文明的帝国。

约翰逊认为 1745 年起义被镇压后，盖尔人才刚刚迈入文明的门槛，英语的普及逐渐教化盖尔人，全书上至大氏族族长、大学教员、城市市长，下至农舍店主，谈吐优雅英语流利是共同特征，合乎约翰逊笔下的文明标准。约翰逊不动声色地展示了启蒙思想的成效，从东南部的圣安小镇到西北的赫布里底群岛，约翰逊一路发现"艺术和教养进步的痕迹"③，作者成为鉴定苏格兰进步程度的权威。

启蒙时期的文学包含了道德教化思想，追求理性沉稳的文风。约翰逊试图以客观的态度描述高地，然而他"缺乏想象力，认为只有人造

---

① JOSNSON S, BOSWELL J. A Journey to the Western Islands of Scotland and the Journal of a Tour to the Hebrides［M］. Dover: Dover Publications, 2008: 39.

② HICKEY A. Extensive views in Johnson's journey to the western islands of Scotland［J］. Studies in English literature, 1500—1900, 1992, 32（3）: 537-553.

③ JOSNSON S and BOSWELL J. A Journey to the Western Islands of Scotland and the Journal of a Tour to the Hebrides［M］. Dover: Dover Publications, 2008: 147.

物才是了不起的成就，高地的风景完全没有激起他的情绪波动，甚至令他感到厌恶"。① 他对物质进步的重视致使其文字间透着冰冷，个体的情感被剥离出文本，彬彬有礼的背后隐藏着过度理性的无情。

启蒙思想家倡导的商业社会到来后，人们失望地发现自由、平等、博爱却没有随之而来，贫富差距不断拉大，底层人民的生活日益艰难，小资产阶级则在大工业生产的排挤下破产。"面对新型资本主义社会发展的混乱现实，人们在失望与幻灭中对人类理性的力量产生了动摇和怀疑"②，转而解放被理性压制的情感，倡导自然之美，重新寻找一个理想社会。浪漫主义思潮就是以丰富的生命哲学取代理性与概念，追求自我和情感的表达。③

苏格兰作家沃尔特·司各特（1771—1832）生活的年代正是高地开展农业现代化的时代，也是浪漫主义思潮反思启蒙思想的时代。司各特笔下的盖尔题材作品充满了双重性，一方面肯定商业文明的价值，追求进步，另一方面怀念英雄武士追求荣耀的氏族时代。④ 司各特敏锐地察觉"我们已经来到高级文明阶段，这恐怕不是举国受益的好事，只有少数人爬上了社会顶层，而更多的人则降为社会底层"⑤。受到浪漫

---

① ROSCOE E. Johnson and Wordsworth in the highlands［J］. The north American review, 1921, 214（782）: 690-696.

② 邓阿宁. 欧洲浪漫主义文学与宗教精神复兴［J］. 西南师范大学学报, 2002, 28（11）: 161-165.

③ 张洁, 刘春芳. 浪漫主义文学发轫的哲学背景［J］. 社会科学辑刊, 2007, 173（6）: 261-265.

④ GORDON R. Scott and the highlanders: the non-fictional evidence［J］. The yearbook of English studies, 1976, 6: 120-140.

⑤ GARSIDE P. Scott, the romantic past and the nineteenth century［J］. The review of English studies, 1972, 23（90）: 147-161.

主义文学运动影响，司各特通过收集盖尔历史和民间传说，描绘了一个与现实形成反差的理想氏族社会，"这个理想的过去——特别是在中世纪——代表着秩序、独立和慷慨"。①

第一部小说《威弗利》出版后迅速成为畅销作品，广为流传，对盖尔氏族的描写打破了以往"野蛮""被征服者"的模式化印象，塑造了许多正面积极的英雄形象，《威弗利》最重要的情节冲突恰恰是1745年盖尔氏族起义。现在爱丁堡火车站就是为纪念这部优秀著作而被命名为威弗利（Waverley Station）。

二、一场《威弗利》演出

《威弗利》演出地点是紧临南街的拜耳剧院，小镇的文艺演出多在此举行，学生享有不定数额的优惠。演出时间是晚上七点，我跟朱莉六点半到了剧院，原本打算喝杯热咖啡再入场，不想还未到演播厅门口，就看见宽敞的咖啡厅已经满员，有的观众干脆手捧热饮，站在演播厅门口等候。临近圣诞大部分西方国家学生已经回国度假，很难看见如此盛况，观众多为小镇居民和亚洲留学生。

演播厅外面贴满了《威弗利》的演出海报，司各特的忠实读者们在轻声比较不同版本的舞台剧表演，无论如何将一部长篇小说改编为三小时的舞台剧不仅考验编剧，也考验话剧演员的功底。不同于看电影，观众手中没有拿爆米花和薯条等小零食，有的男观众穿着粗花呢西装

---

① CHANDERLER A. Sir Walter Scott and the medieval revival［J］. Nineteenth-century fiction, 1965, 19（4）: 315-332.

（tweed）。

如果是十分正式的场合，男士们穿西装。如果不是很正式，但又需要衣着得体的场合，苏格兰男士经常会选择粗花呢西装。朱莉跟我解释了着装规则，我低头暗自庆幸自己没穿牛仔裤。

演出情节处理上没有太偏离原著，有趣的是扮演盖尔士兵角色的演员说着盖尔语，而扮演盖尔上层人物的演员依然说着英语，这是符合当时盖尔社会现实的，舞台上方的屏幕显示着英文翻译。盖尔人和女主角芙洛拉·麦克伊夫热情、忠诚的品质得到了放大，司各特带着惋惜与怀念之情描画着盖尔人，但未曾掩饰盖尔军官犯下的恶行，舞台剧中盖尔士兵入侵英格兰后的行径则被省去。一直被称为"漂亮王子"的查理·斯图亚特被塑造成夸夸其谈的野心家，听闻撤军决定时大声诅咒着，演员夸张地撞向墙壁，情绪失控，从而衬托了盖尔领导人的镇静睿智，以及最终面临死亡时的从容。

演出结束灯光亮起，编剧带领演员登台谢幕，他穿着一身高地士兵服饰，原来编剧亲自上场，扮演每次出场说盖尔语的士兵。我回头看看朱莉，发现她眼角发红，有点泪痕，想必是伤感的结局造成的效果。朱莉有点不好意思地冲我笑笑，随口转移话题。

"漂亮王子不怎么漂亮，对吧？你还记得盖瑞跟我们讲的1745年起义吗？我觉得他一定是按照《威弗利》讲的。我以前还看过另一版本的舞台剧，全程盖尔语表演，可惜上座率很低，毕竟懂盖尔语又喜欢舞台剧的观众不多。《威弗利》一经出版，大获好评，司各特又创作了一系列的盖尔历史小说和诗歌。在他之前一些沉寂已久的盖尔文学作品也重新被读者发现，比如安妮·格兰特的《高地歌谣》。"

司各特虽然以同情的笔触哀叹远去的氏族英雄，但作者并不是要彻底拒绝商业社会和工业发展，毕竟司各特本人率先在苏格兰安装了煤气照明设备。舞台剧比原著进一步宣扬了英雄主义和牺牲精神。

随着《威弗利》的成功，司各特的大名传遍了英语文学世界。1805—1870 年，不列颠皇家学院有超过 300 名画家和雕刻家，根据司各特的作品，创作了 1000 多件艺术品。出版商大量印制插图版小说、旅游指南，并制作了《威弗利》相关纪念品。①

盖尔文化通过司各特的小说和诗歌作品，走入读者视线。1815 年司各特到伦敦处理公务，彼时尚未加冕的摄政王乔治四世希望见一下《威弗利》的作者，并邀请司各特到伦敦嘉登行宫做客。席上乔治四世"直接称呼司各特的教名沃尔特，两人从此建立友谊，司各特成为乔治即位后册封的第一位爵士"。② 在司各特的介绍和极力推荐下，1821 年，乔治四世决定访问爱丁堡。爱丁堡市市长邀请司各特安排国王的接待流程，司各特精心设计了"以高地人、格子裙、风笛为特色的欢迎仪式，展示氏族高贵慷慨的品质"，③ 被王室严禁半个多世纪的盖尔服装、风笛得到了正名的机会。

① GORDON C. The Illustration of Sir Walter Scott: nineteenth-century enthusiasm and adaptation [J]. Journal of the Warburg and Courtauld institutes, 1971, 34: 297-317.
② HUTTON R. Sir Walter Scott [M]. London: Macmillan and Co., Limited, 1878: 135-136.
③ LOCKHART J. Memoirs of Sir Walter Scott Vol. 4 [M]. London: Macmillan and Co., Limited, 1900: 34.

三、穿格子裙的汉诺威国王

圣诞节之前，爱丁堡市开设持续一周的临时贸易市场，出售物美价廉的节庆食品，以及包括圣诞树在内的装饰品。朱莉一家带着我赶到爱丁堡购物，乔治和索菲冲进了拥挤热闹的市场，我和朱莉则前往荷里路德宫的艺术品展览馆，那里珍藏了一幅描绘 1822 年乔治四世访问爱丁堡的作品，画家是苏格兰御用肖像师大卫·威尔基（David Wilkie，1762—1830）爵士。

画中乔治四世身形健壮，头戴饰有三根羽毛的族长帽，身着红绿相间的夹克和短格子裙。左肩至右胸前挂着暗绿色绣有箭蓟（苏格兰王室标志）的绶带，左胸前挂着英格兰嘉德骑士勋章，腰间挂着皮革袋，左手持高地宝剑，脚上穿着红白方格的武士长袜，一副标准的 19 世纪盖尔族长的装扮。

"你喜欢这幅画吗？"朱莉问。

"很有趣。谁为乔治四世设计的服装？"我问道。

"司各特爵士。乔治四世十分喜欢司各特的作品，两人私交甚笃。司各特担任乔治四世访问爱丁堡行程的总规划师，亲自设计了迎接国王的仪式以及国王的服装。不仅如此，有资格觐见国王的贵族也纷纷咨询司各特如何行礼、如何着装。司各特十分期待国王莅临访问，他与设计师一起敲定了国王服饰上的文化符号，从小配件到衣服花色都经过反复挑选。"

"看画面的右边"，朱莉示意一下，王座的上面放着王冠、宝剑和权杖，"这是苏格兰历任君王的加冕王冠、宝剑和权杖，三者合称为苏格兰荣耀，1707年后不再使用，被放置到爱丁堡城堡。内战爆发后，人们将三件宝物藏起来，知情人去世后宝物就失踪了。1818年，司各特爵士带领团队在城堡的地牢土层中发现了一个木箱，三宝得以重见天日，陈列在城堡展览馆。乔治四世访问爱丁堡时，三宝被送到荷里路德宫呈献给国王，也出现在这幅画上。"

除服装设计外，司各特邀请了众多盖尔氏族族长出席乔治四世的欢迎仪式。1822年7月，司各特在给斯凯岛麦克里德的信中催促道："国王即将驾临苏格兰，我们向陛下展示盖尔兵器和武士方为明智之举。请您务必率领6~10名族人前来参加盛会，以彰显您族长的身份。陛下希望看见盖尔族长，参加盖尔舞会，为了古老的苏格兰和您的氏族，诚挚地邀请您列席盛典。"①

司各特设计的各项访问环节旨在将国王塑造为所有氏族的大族长。乔治四世是汉诺威王朝第一位访问苏格兰的君主，尽管血缘关系已与斯图亚特王朝十分疏远，但通过服装设计，司各特重建了汉诺威国王与盖尔臣民的联系，将外来的统治者转化为本土的君王。斯图亚特王朝自光荣革命后走出了苏格兰，流亡意大利和法国，而此次访问，汉诺威国王作为斯图亚特王朝的继任者返回苏格兰，仿佛回到发源地一样，乔治四世由客人变为主人，王室正统得以延续。

我跟朱莉走出展览馆，沿着皇家英里大道走到苏格兰国立美术馆，其他相关画像陈列在美术馆中。逐一看去，发现从王室船队抵达港口，

---

① GRIERSON H. The Letters of Sir Walter Scott Vol. 7 ［M/OL］. Edinburgh University Library，p. 213.

到国王卫队经过城门，下榻荷里路德宫，乔治四世并没有穿盖尔服装。

"乔治四世仅在作画时穿盖尔服饰吗？你看，即使接见身穿格子服的大臣，他也穿着军装。"我指着《荣幸觐见乔治四世》问朱莉，画中的国王穿着深蓝色海军军装，端坐在王座上，接受大臣的行礼。

"不，在举行盖尔舞会时，国王穿着高地服饰。"朱莉摇摇头。

1822 年 8 月 15 日，乔治四世抵达爱丁堡，进行为期两周的访问。从港口到王宫，旌旗招展，热情的居民夹道欢迎国王，画作干脆用竖线代表密集的人群。所有贵族，无论是否是盖尔人，皆身披颜色各异的格子装和披风，骄傲而紧张地接受国王的视察。

访问最重要的一幕是 8 月 24 日晚在议会大厅举行的盖尔舞会，国王身穿斯图亚特图案的盖尔服饰现身，风笛手奏响了司各特收集的苏格兰民谣，乔治四世举杯，"敬苏格兰的氏族和族长，为苏格兰的繁荣干杯。无论是低地绅士还是高地族长，都欣然接受国王的祝词，盖尔氏族和族长变成苏格兰荣誉的一部分"。①

司各特为乔治四世安排的仪式展演是一个双向肯定的活动。一方面汉诺威国王穿上了格子裙，国王不仅是英格兰的国王，而且也是所有盖尔人的大族长，激发了氏族的忠诚，得到盖尔人的拥护；另一方面乔治四世以君王权威将盖尔文化提升为苏格兰文化不可或缺的组成部分，展演中蕴含了"包容精神，将盖尔社区的光荣历史与所有苏格兰人共享，激发了人们的自豪之情，预示了统一的未来"②。正如文艺复兴一样，

---

① LOCKHART J. Memoirs of Sir Walter Scott Vol. 4 ［M］. London：Macmillan and Co., Limited，1900：34.

② WITHINGTON R. Scott's contribution to pageantic development：A note on the visit of George IV to Edinburgh in 1822 ［J］. Studies in Philology，1920，17（2）：121-125.

扎根历史，国王展演运用历史的文化符号，预示民族和解的新未来。司各特是联合王国的坚定支持者，其精心构思的小说、诗歌和欢迎仪式充满了愈合统一的主题，将盖尔文化阐释为适用于联合王国甚至英帝国体制的文化。司各特真挚地期盼通过启蒙运动宣传的共情心，实现盖尔人、盎格鲁撒克逊人、诺曼人、爱尔兰人等英国境内各民族的和解，这对浪漫主义时期的读者极具吸引力。及至维多利亚时代（1837—1901），女王频繁造访高地，购置巴尔莫尔行宫，推崇传奇作品，进一步将盖尔文化变成生活在工业社会的读者寄托情怀的对象。

第二节　编织历史的格子裙

乔治四世的访问十分成功，然而也有人对盛大的仪式持反对意见。

美术馆所有有关 1822 年访问的画作都被并排放在同一间展室，我跟朱莉停在两幅名为《苏格兰第一首领》《北方访问的价值》的讽刺画前，乔治四世肥胖的身躯裹在勉强遮住臀部的绿色格子裙里，颧骨上有两抹可笑的腮红，长着夸张的长鼻子。

"很滑稽，对吧。不过乔治四世因为酗酒、暴食确实很胖，荷里路德宫的画像明显经过了修饰，画像自带美化功能。"朱莉调侃道，"许多评论家对大量生产格子裙不以为然，认为是伪造之物。"

一、图案与氏族

"你看这幅画，传统高地服装根本没有短裙。"朱莉指着一幅创作于 1683 年的名为《芒戈·穆雷爵士》的画像。穆雷爵士身穿一条长披衣（Great Plaid），外罩银线绣制的束身外套（tunic），中间绑着腰封。"这种长披衣展开有五米长，穿的时候折成两层从头套下，方便保暖。"朱莉做了一个穿筒衫的动作。高地人的传统服装是画中的及膝长披衣，族长会在外面加一件束身外衣，"天冷的时候还会披上一条绒毛毯子作披风，行军休息时直接将毯子铺在地上即可入睡。"①

"穆雷爵士衣服上的格子是橙黄色的。"在展室灯光的折射下，原本亮丽的橙黄色变得更加鲜艳。朱莉接着说道："只有地位显赫的氏族成员才有资格穿用藏红花染成橙黄色的衣服，颜色跟地位相关，与氏族区分根本没关系。但现在穆雷氏族阿索尔家支的图案是蓝绿格子。"

我发现不远处还有一幅盖尔贵族的画像，画像是 1740 年的作品，画布上的查尔斯·坎贝尔穿的却是一分为二的短披衣和格子短裙（kilt），红与黑的搭配庄重而华丽。"红色在当时是十分昂贵的染料，用红纱线纺织底纹十分耗时，红披衣更加昂贵，贵族名流热衷于选择红色彰显自己的财富和地位。"朱莉解说道。

历史学家 J. 麦凯伊是研究盖尔服饰的专家，他在《高地服饰与图案的浪漫故事》② 一书中考察了盖尔服饰的变化。坎贝尔身上的格子短裙出现于 18 世纪 20 年代。1727 年，一位姓罗林森（Rawlinson）的商人在欧奇湖（Loch Oich）至罗奇湖（Loch Lochie）区域雇用了一批高地人修建运河。工人们穿着长披衣，但衣服厚重，不方便工作，于是工

---

① PINKERTON W. The highland kilt and the old Irish dress ［J］. Ulster Journal of Archae-
ology, 1858, 6：316-327.
② MACKAY J. The Romantic Story of the Highland Garb and the Tartan ［M］. Stirling：
Jameson & Munro, 1924.

人脱了唯一的衣服，全裸工作。罗林森感到十分难堪，聘请了裁缝，设计一套新服装。先将长披衣一裁两半，上衣收紧，下衣改成短裙，新服装十分方便灵活，迅速传播开来。经过乔治四世时期的仪式展演，新服装迅速成为苏格兰服饰的代表，以至于人们刻意忽略这是英格兰人的发明。1914 年罗斯伯利爵士（Lord Rosebery）在演讲中直接声称"我十分确定，无论是高地人还是低地人，没有什么比格子短裙更接近苏格兰人的心灵"①。

出了美术馆，我们沿着皇家英里大道东行，与彼得和索菲会合，顺便寻找合适的折扣商品。街道两边大小商铺都在贩售苏格兰特色商品，到处都是格子围巾和格子裙，随意走进一家，柜台摆着不同图案的围巾和披风。我拿起一条围巾，翻看商标，发现上面写着斯图亚特图案（tartan），有的写着麦克唐纳德、麦肯齐。朱莉拿起一条黑白格子的围巾，十分雅致，"这是麦克菲尔森的图案，说实话比我们麦克唐纳德绿蓝款容易搭配衣服。"我翻找标签，果然写着 MacPherson。

"这条是麦克里德的，我母亲原先氏族的图案。"朱莉打开一条黄黑相间的格子围巾。

"这种颜色被称为原色围巾。"女店主走来介绍。"为什么是原色？"我好奇问道，麦克里德虽然也不容小觑，但远不及麦克唐纳德或坎贝尔。

"因为巴宝莉的经典款就用了这个颜色。"店主解释道。我微微一笑，拿起摆在围巾中间一本名为《编织格子图案》 （*The Sett and*

① MACKAY J. The Romantic Story of the Highland Garb and the Tartan ［M］. Stirling：Jameson & Munro，1924：21.

Weaving of Tartans）的书。"书里有各个氏族图案的介绍，不知道自己氏族图案的人一查便知，格子图案是区分氏族最简单的方法。"店主反复强调图案的重要性，大力推销着书和围巾，朱莉冲我眨眨眼，我们随便找个理由，快步走出店铺，相视一笑。

"很多商人为了推销商品，刻意渲染图案是氏族的标志，氏族当然古老、传统、神秘，令人浮想联翩。以高地在古代的生产水平，普通氏族成员怎么可能身着颜色鲜亮的服饰呢？"朱莉批评道。

我们一路向东走到乔治四世举办盖尔舞会的前议会大厦，我失望地发现这里不对外开放，只能从外面看着这座新古典主义风格的对称建筑，六根希腊式石柱撑起了三角形的拱券，线条流畅，高雅朴素。朱莉接着说："图案是氏族标志的说法与乔治四世访问有关，大臣们采纳了司各特的建议，决定穿短披衣和格子短裙，但不能人人都穿贵重的红色，尤其是国王要穿红色，于是就有了不同的颜色。"

朱莉的解释有一定道理但不完全正确，她回避了英格兰人对图案设计的贡献。休·罗珀曾考据过格子裙图案与氏族的对应恰恰是英格兰人的设计。① 1821年乔治四世的爱丁堡之行确认后，高地和低地的贵族同时陷入忙乱之中，高地人苦于衣服的图案，低地人匆忙翻族谱，试图找出一位盖尔远亲，以便订购自己的格子裙。敏锐的商人察觉了其中的商机，"一家名为威尔逊与桑的公司准备了一本《主要图案手册》，并将各种格子呢的样品送往伦敦，由伦敦高地社团'鉴别'这些格子呢属

---

① E. 霍布斯鲍姆. 传统的发明［M］. 顾杭，庞冠群，译. 南京：译林出版社，2004：8-39.

于这个或那个氏族"。① 图案一经确定，便代表了氏族荣耀，"不断激励着人们与某位古代的英雄联系起来，并随时为氏族服务"。②

低地人通过翻阅族谱与高地人建立了新的祖先联系，共享一套文化特征，双方通过新发明的格子短裙重新建构自己与过去的联系。格子短裙源于古老的长披衣，但经过改良已经与"野蛮落后"脱离了关系，将历史延续性和时代新潮流融为一体。格子短裙和图案产生于苏格兰农业改良和大清洗时期，原本泾渭分明的高地人和低地人共同迈入工业社会。这种传统的发明现象往往出现在社会迅速转型削弱或摧毁了那些与旧传统相适宜的社会模式时，发明的传统会出现得更频繁。③ 传统的发明是一个矛盾修辞格，是指"将现代发明赋予历史渊源"。④ 格子短裙和图案作为新发明的传统为高地人和低地人提供了一个文化交流的载体，最终在乔治四世访问爱丁堡后，格子短裙迅速普及，并成为所有苏格兰人的文化标志。

二、重新发现的雕像

圣诞节终于在期盼中到来，除了俱乐部菲利普一家，安妮也邀请了临时盖尔家庭的留学生一起共进迟来的圣诞晚餐。安妮的父母假期在家

---

① E. 霍布斯鲍姆. 传统的发明 [M]. 顾杭，庞冠群，译. 南京：译林出版社，2004：8-39.

② SEMPLE W. The Scottish Tartans [M]. Edinburgh：W. & A. K. Johnston，1959：8.

③ E. 霍布斯鲍姆. 传统的发明 [M]. 顾杭，庞冠群，译. 南京：译林出版社，2004：5.

④ NOTEHLFER F. Mirror of modernity：invented traditions of modern Japan by Stephen Vlastos [J]. The journal of Japanese studies，1999，25（2）：432-438.

无聊，听说我在阅读盖尔服饰的演变材料时，决定带我们去一处名为司各特之景的地方。司各特之景位于苏格兰与英格兰边界线特威德河谷圣博斯威尔斯村。

安妮说司各特生前十分喜欢到这里散步，以致其去世后，作者的马在送葬时主动到此停下，仿佛最后一次陪主人走过心爱的小径。安妮主要介绍的不是风景，而是此处掩映在山林间的一座雕像。

我们沿着司各特之景旁的一条小径向山顶爬去，路上遇见三位漫步林间的老人，回头看见我们走来，十分礼貌地说"抱歉"，并让开路，我们微笑致谢。在苏格兰，陌生人之间即使眼光对视，也会互相微笑，习惯性地说句"你好"。

山顶西南方视野十分开阔，整齐的农田沿着山势起伏，特威德河蜿蜒向东，画出一条边界。正南和东南方是毗邻的三座低缓山丘，虽然天气依然阴沉，但有风无雨，这在苏格兰冬季已经算是难得的好天气。

安妮的父母在拐角处停了下来，我走上前去，发现一座红色沙石雕刻的武士雕像。武士神态端庄，望向河谷，留着朱庇特式的络腮胡，隐藏在茂密的树林里，右手执剑，左手持盾，腰后悬挂流星锤。

"猜猜这位武士是谁？"安妮俏皮地眨眨眼。我困惑地看着雕像，发现线索十分混乱，盾牌刻着圣安德鲁斯十字，暗示武士是苏格兰人，但头盔是古典主义罗马样式。武士光着脚，可能是步兵，腰后却是骑兵使用的流星锤。

"罗伯特·布鲁斯？某位麦克唐纳德？总不会是司各特本人吧？"我列举苏格兰英雄人物。

"不，是威廉·华莱士。"安妮的父亲坎贝尔先生说。

"不对呀，华莱士穿格子裙？"我十分诧异，1270 年，华莱士出生于低地的一个小贵族家庭，不是高地盖尔人，更遑论其生活的时代盖尔服饰远未普及。

"就是他，虽然服装、武器都不对。"安妮跟我保证这是华莱士，并耐心解释说：

"雕像是大卫·厄斯金（David Erskine，1742—1829）爵士定做的，厄斯金是司各特的忠实读者并且热爱古典主义艺术。华莱士一直被视为反抗英格兰入侵的英雄，厄斯金认为华莱士符合司各特笔下的英雄形象，而司各特本人跟华莱士一样，都是苏格兰文化的捍卫者，于是就设计了这座身着高地服装的华莱士塑像，并放置在司各特之景旁。雕像在一开始颇受欢迎，迎合了浪漫主义时期人们的想象。可惜当 19 世纪 30 年代现实主义思潮兴起后，人们纷纷开始指责这座雕像不伦不类，厄斯金早已逝世，雕像逐渐被人忘记，任凭杂草生长，埋没其间。"

雕像杂糅了多种文化象征，13 世纪末的低地武士，头戴罗马帝国头盔，身着 18 世纪发明的格子裙，产生了一种时间错位感，但这恰恰反映了司各特在大不列颠帝国扩张时代塑造中世纪盖尔文化产生的效果，高地与低地文化融合在一起，罗马式的头盔和外表让人联想到盛极一时的罗马帝国，似乎隐喻了大不列颠帝国的未来，"借用罗马帝国构建了大不列颠今后必然引领主宰世界的形象"。①

直到 1995 年电影《勇敢的心》上映后，引发了人们重新发现威廉·华莱士的热潮。可惜华莱士没有留下任何画像，人们只知道他身形

---

① PATTERSON S. The Cult of Imperial Honor in British India ［M］. New York：Palgrave Macmillan，2009：129.

高大，四肢健壮，其他信息一无所知。斯特灵市在华莱士纪念碑里立了一座华莱士的雕像，揭幕时人们愤怒地发现雕像竟然是华莱士扮演者美国演员梅尔·吉布森的脸。有的市民开始破坏雕像，政府不得不在雕像四周安放栏杆。市民干脆开始投掷垃圾，最后雕像被悄悄撤走了。

这时人们又重新想起眼前这座被遗忘已久的雕像，雕像表面爬满了绿苔，村民赶紧扯掉藤蔓，清除杂草，修复裂痕，雕像得以重见天日，华莱士也终于不再是吉布森的脸。即使华莱士不应穿格子裙，大家也接受了这座雕像，现在雕像可是二级文物。格子裙本身就是苏格兰服饰的代表，很少有游客会追究其起源。

雕像制作的年代是盖尔人走出高地的时代，雕像作为艺术品却因为审美和文学思潮的更迭而沉寂。现今在苏格兰多元文化的社会现实下，雕像丰富的文化信息再次被挖掘。盖尔历史和文化是苏格兰文化独特性的组成部分，雕像再现的原因虽然是受电影影响，但也反映出盖尔文化复兴的潮流。

第三节　节日庆典中的盖尔习俗

相比安静祥和的圣诞夜，12 月 31 日的新年除夕夜充满了狂欢的气氛。苏格兰许多城镇每逢岁末都举行盛大的庆祝仪式迎接新年，而除夕夜的各种习俗大多源于盖尔传统。除夕夜源于萨温节，萨温节最初是盖尔人每年 10 月 31 日到 11 月 1 日庆祝丰收的节日，是万圣节的前身。后来随着基督教的传播，凯尔特旧历逐渐被废除，最终演变为每年 12 月 31 日的除夕夜。

一、盖尔除夕夜

12月31日下午，朱莉邀请我与家人共庆新年，朱莉的父母乔治和索菲笑称让我体验盖尔新年。

索菲系上围裙，亲手制作黄油酥饼和黑面包（Black bun）。黑面包馅料十分丰富，"黑"不是因为使用粗粮，而是因为馅料主要选用黑加仑、葡萄干、百香果、肉桂和焦糖等深色食材，故而称为黑面包。

"黄油酥饼和黑面包是除夕夜必备的食品，也是新年拜访邻居朋友必备的礼物。圣诞节已经互相赠送过贵重的礼物，因此新年礼物不需贵重，但要诚恳。甜点在古代是十分昂贵的奢侈品，只有贵族才能经常享用，黄油酥饼和黑面包对平民来说，只是圣诞、除夕和婚礼才能享用的美食。我用的是独家秘方。"

索菲一边解释，一边把馅料跟糖浆放入锅中熬制，不时参照配方添加调味品，对许多家庭主妇而言，菜品配方是不外传的秘密。

乔治在客厅中喊朱莉过去帮忙，房间需要彻底大扫除，我连忙跑去帮忙。圣诞前夕，索菲已经打扫了房间，我们要做的是简单地清理壁炉炉灰。乔治家是老式建筑，依然保留了壁炉。许多拥有老式建筑的户主已经放弃使用壁炉，毕竟暖气既干净又省力，乔治说平常很少使用壁炉，只有在招待客人吃晚餐时，才会点上使用烘托气氛。除了木柴，壁炉里还有两颗大松果。

我跟朱莉搬走未燃尽的木柴，乔治作为男主人需要清理灰烬，将厄运从家中赶走。

"我听说高地有些地方消除厄运还有一种办法，就是从附近的河流中舀来清水，喷洒在房屋各个角落和家具上，使房屋得到净化。不过鉴于咱们离最近的河流不近，就还是用清炉灰的办法吧，这些炉灰是圣诞夜我们特地留下的。幸亏我们平常不用壁炉，不然要清理很久，说不定还要雇人清理烟囱呢。"

乔治说完，我立刻想起威廉·布莱克笔下扫烟囱的孩子，身形瘦小，满身煤灰。朱莉伸出手，开玩笑说："十便士，先生，包您满意。"乔治作势把炉灰洒在女儿手上，朱莉赶忙笑着躲开了。

索菲将烤好的甜点分铺在精美的包装纸上，传统的黄油酥饼是长方形的，为了美观，索菲做成五角星的形状，用细细的彩带在透明包装纸上拦腰扎了漂亮的蝴蝶结，小巧精致。晚餐特意做了盖尔特色美食。菜品类似千层面，每层塞满牛肉末和欧防风，刷上番茄酱，顶层铺着一层茄子片，最后洒上迷迭香、黑胡椒和密密的山羊奶酪，放进烤箱烘烤。还有一道用自制辣酱腌制后，包入锡纸烘烤的鹿肉饼，搭配清爽的芝麻菜，食用时将小瓣柠檬挤汁洒在鹿肉上。

我们晚上十点半出发，前往离圣安20分钟车程的邓迪市。天气寒冷，索菲努力劝说乔治放弃穿格子裙的打算。每年除夕，苏格兰许多城镇例行举办凯尔特式庆祝活动，火焰是凯尔特信仰中必不可少的元素，有除祟避邪的净化作用，因此，太阳女神像游行是某些地区必不可少的节目，有的城市则举办火球表演。邓迪是沿海城市，在沙滩举行篝火庆祝活动。

天公作美，除夕夜繁星满天，我们还未迈入沙滩，海风已经将风笛声送入耳中。沙滩上已经点燃篝火，重头戏是杂技艺人的表演。舞火圈、抛火球、口吐火焰是热身表演，艺人手持木棍，从篝火中采火，伴着风笛声手持火把翩跹起舞，舞姿潇洒，矫健有力。朱莉说火把舞是为了震慑恶魔，过去只有男性才有资格表演火把舞。舞者和风笛手方歇，鼓手队又沿着港口走来，鼓手穿着古代服饰，队伍中间是身穿铠甲的国王罗伯特·布鲁斯，标志是盾牌上的黄底红狮。罗伯特·布鲁斯是苏格兰人心中的英雄，1314 年布鲁斯以少胜多，击败英格兰国王爱德华二世的军队，迫使爱德华二世承认苏格兰王国独立地位，并得到教皇克雷芒五世的承认。许多苏格兰古老建筑和教堂的彩绘玻璃上都能看见罗伯特·布鲁斯的身影。

临近午夜，五人一组身穿格子裙的男士托着一个纸扎布捆的恶魔像走来，在观众的欢呼声中，将纸扎恶魔投入火中。

"你知道盖伊·福克斯节吗?"人群鼎沸，朱莉不得不提高声音，"盖伊·福克斯节最重要的步骤就是将纸人投进火中，这个习俗源自萨温节，也是现在除夕夜的保留项目。"

盖伊·福克斯节源于 1605 年，名为盖伊·福克斯的天主教徒在威斯敏斯特大楼埋下火药，预谋杀死国王詹姆士一世（James Ⅰ）和上下院议员。后来阴谋败露，国王幸免于难，从此每年 11 月 5 日，人们将福克斯的人形小像丢入篝火，谴责福克斯的阴谋。盖伊·福克斯节吸取了凯尔特萨温节将恶魔投入火中的习俗，象征着英国宗教改革后，新教取代天主教成为主流宗教的地位。

恶魔像在火中迅速燃烧，洗涤了罪恶和邪念，港口传来大型船只鸣笛的声音，预示着倒计时的开始。众人开始大声喊着倒计时，"10，9，……"手拿话筒却身穿铠甲的国王颇具喜感。

"……3，2，1！"烟花齐绽，船只齐鸣，人群陷入狂欢状态，拥抱、亲吻，四面八方传来"新年快乐"的祝福。索菲紧挽丈夫的手臂，我跟朱莉并肩站在一起，彼此说一句"新年快乐"。望着天空的烟火，水天相依，绚烂的色彩倒映在海面，映红了蓝黑色的海水。

烟火表演结束后，人群逐渐散去，我们一行四人返回圣安。乔治开车先把我送回家。到家门口时，我本打算请他们稍做停留，打开房门拿出准备好的礼物送给他们。虽然威士忌在习俗中是重要的新年礼物，但乔治和索菲并不太喜欢，我准备了英国境内极受欢迎的苹果西打酒。我刚打开车门，发现乔治、索菲和朱莉都解开安全带，作势下车，我不解地看着他们。彼得解释说：

"新年有一个重要的习俗，称为第一个脚步。按照习俗，人们在午夜过后就可以互相拜访，第一位客人应带着礼物跨入主人家，送上祝福。除了甜点外，新年礼物还可以送威士忌和咸盐。当然现在没人会送咸盐了，咸盐以前代表了友谊，第一位客人最好是一位高大的男士。"

我赶紧打开屋门，请乔治进屋，索菲和朱莉果然落后乔治几步，乔治站在走廊上将索菲下午制作的黄油酥饼和黑面包递给我，除此之外，朱莉还送给我一个凯尔特式小挂坠，刻有标志性的十字花结。我赶紧拿起西打酒和一小盒红茶，送给乔治一家，房东曾告诉我，在英国如果不确定对方喜好，那么酒、巧克力、红茶和鲜花是最安全的选项。

乔治一家离去，我锁上屋门。舍友们都已经回家了，房屋空荡荡的，我拿着礼物回想今晚的表演，逐一将灯打开，似乎驱散了难以言说的寂寞。

盖尔人作为凯尔特人的一支，其文化和习俗继承了大量凯尔特元素。自 7 世纪基督教传入英国以来，凯尔特旧教逐渐消失，凯尔特的艺术和习俗得以保留并逐渐融入基督教节日庆典中。如果说圣诞节强调个人小家庭的团聚，除夕表演就是社会集体的狂欢。与天主教谨守的等级和加尔文宗倡导的禁欲相比，盖尔式除夕夜不同于基督教节日，充满了"异教"风情、情绪宣泄和自由。

除了除夕夜，还有另一个重要的苏格兰节日充满了盖尔文化元素，那就是彭斯之夜。

二、彭斯之夜

每年 1 月 25 日是彭斯之夜，顾名思义，是为了纪念苏格兰诗人罗伯特·彭斯（Robert Burns）而举行的聚会。当我苦于无门参加聚会时，收到了菲奥娜·莫顿（原姓麦克贝恩）的一封邀请邮件，她和丈夫汤姆计划邀请朋友和学生共庆彭斯之夜。彭斯之夜通常有固定的庆祝流程，最重要的环节则是切开哈吉斯，并诵读彭斯的名作《致哈吉斯》。

"我虽然是第一次主办彭斯之夜，但不想按照传统的流程进行，我删掉了主人致辞等礼仪性环节，增加了一些更有趣的内容。"菲奥娜边说边拆开哈吉斯的包装，扔进烤盘，汤姆把煮熟的芜菁（neeps）和土豆（tatties）捣成泥，搭配哈吉斯，旁边还配有一小碟威士忌，有些人喜欢撒点威士忌。

"谁来朗诵《致哈吉斯》？"我问。

"原则上是男主人朗诵，但你知道我的英格兰口音不适合这个场合，所以我请菲奥娜代劳了。"汤姆回答说。

"我想没人会介意口音问题。"我试图安慰汤姆,"我还有中国口音呢,难道还不准我说话了吗?"

"谢谢,She。"汤姆报之一笑,他每次都试着叫我的汉语名字,但发音总是不准,最后干脆用 She 代替。

"别信他的话,他昨晚没背过诗歌,所以推给我了。"菲奥娜活泼地说,"你在别人主持的聚会上还唱歌呢,我可看不出你有一丝紧张。"

菲奥娜家是独立院落,房子成一字型平铺展开,因此餐厅、主副客厅都连在一起,为客人预留了很大空间,副客厅的桌椅已经搬走,只剩音响播放苏格兰民谣。其他客人也陆续赶来,其中几位男士穿着格子裙,病友俱乐部的艾米丽和她的丈夫也来了。室外下着小雪,室内一片欢声笑语,学生之间更加轻松,互相打趣。除了哈吉斯,所有食物和饮品都摆在餐厅,随意取用。

"我想彭斯肯定没料到有这么多外国人来庆祝彭斯之夜。"艾米丽和她的丈夫走过来,我环视四周,确实有不少外国人。

汤姆和菲奥娜走到主客厅中央,汤姆拿起勺子敲敲杯子,引起客人的注意。"承蒙各位赏光,按照彭斯之夜的流程,我应当先用风笛吹几首曲子,可惜我不会吹风笛,放音乐又太敷衍了事。作为弥补,我请来老朋友卢克为我们唱一曲。"汤姆带头鼓掌,一位衣着随意的男士拿着吉他坐在沙发上,跷起右腿搭在左腿上,将吉他放在腿上,就像20世纪90年代的雅痞歌手,明明已经过时,但又如此适合他。

"既然今晚是彭斯之夜,我就先用苏格兰语唱《一朵红红的玫瑰》。"卢克拨着琴弦,乐符飘出来,落在双唇间,绕在发丝上。室内的灯光穿透玻璃,投在雪地上,留下一个花瓶的影子。

曲毕，卢克琴弦一转，弹奏起欢乐富有节奏的舞曲，"是凯利舞曲，"菲奥娜说道，"你会跳吗？"

"会一点。"学校的学生社团每周教学生跳这种盖尔传统舞蹈，舞步简单却热情奔放，尤其适合聚会。"去吧姑娘。"菲奥娜轻轻推我。

男士和女士面对面分立在副客厅的两边，卢克站在房间一角。"男士们，向你的舞伴行礼吧。"卢克还客串了主持人。对面的男士纷纷欠身，我绞尽脑汁地回忆屈膝礼是撤左腿还是右腿，悄悄瞄向身边，发现女士只需要轻轻拍掌就可以了。音乐一响，领舞的汤姆和菲奥娜双手上下交叉紧扣跳到中央，解开左手，两人面对面伸直右臂，汤姆抓牢菲奥娜的手，开始带着女伴旋转。"嘿，汤姆，菲奥娜都快被甩飞了。"卢克喊道，大家哄笑。"哦，得了吧，没舞伴的可怜鬼！"汤姆反击，笑声更响了。

转完圈后，汤姆和菲奥娜分开，依次与对面的男士和女士击掌，并绕着对方转一圈，然后回到中间夫妻击掌，过半程后，第二对出发，队伍不断前移，汤姆和菲奥娜排在队末，等第二轮。第四对舞伴上场时，女生不幸被甩了出去，还好没有摔倒，男生急得面红耳赤，不停道歉。我抬头看看对面的舞伴，他冲我竖竖大拇指。我们顺利过关，他没有把我甩出去，我也没有踩过他的脚。跳完后我才轻松地看看其他人，有趣的是现场的女士比男士多，没有舞伴的女士自行结伴跳舞。年长的客人跳完一轮过后，走到角落里聊天休息。

几轮过后，汤姆和菲奥娜去了厨房，不一会，汤姆托着一个木质餐盘放到主厅的桌子上，餐盘上放着一个完整的哈吉斯，散发着浓郁的香气，香气传到副客厅，客人们不约而同被吸引到主厅，最重要的环节——切分哈吉斯即将开始，客人自觉安静下来。

"看来美食比敲酒杯管用多了！"汤姆笑道。

他将一把切肉餐刀放在餐盘旁，菲奥娜整整衣领，上前一步，朗诵起《致哈吉斯》。《致哈吉斯》运用了许多苏格兰语词汇，其诗意也比较晦涩。

> ……滴滴汤汁从你（哈吉斯）的身体里渗出，
>
> 仿佛颗颗琥珀。
>
> 他拿起刀，
>
> 巧妙一挥在你身上划过，
>
> 内馅流出来，
>
> 多么光荣的场景，
>
> 热气腾腾，香味扑鼻。

菲奥娜语音刚落，汤姆拿起餐刀，插入哈吉斯中心，沿着中线从头到尾剖开哈吉斯，肉馅迫不及待地翻滚出来，诱人的香气横冲直撞，众人丢盔卸甲。所有的客人举起杯中的威士忌，与菲奥娜一起念诗歌的结尾，"向古老的苏格兰献以哈吉斯"。

辛辣的威士忌刺激了味蕾，急需美食的安慰。汤姆将哈吉斯端回厨房，切好后搭配芜菁和土豆泥重新端上餐桌。

"你喜欢彭斯的诗吗？"我问艾米丽。

"坦白说，不是很喜欢，我更喜欢文雅押韵的诗歌。但我对彭斯的个人成就是十分尊重的，他是苏格兰的文化标志。而且他把哈吉斯变成了苏格兰的国菜。"艾米丽舀了一勺哈吉斯，洒上一点威士忌。随后，我又问菲奥娜同样的问题，菲奥娜给我一个跟艾米丽相似的答案，并坦言她用了一周时间才背完《致哈吉斯》。一些留学生则直接相告除了《友谊地久天长》，根本不了解其他彭斯的诗歌，但都承认彭斯是苏格兰文化的象征。

彭斯之夜的起源不仅是为了纪念这位杰出的苏格兰诗人，而且是为了反对宗教束缚。约翰·诺克斯在宗教改革时期创立了长老会，长老会秉持新教加尔文宗思想，强调通过辛勤工作证明自己是上帝的选民，提倡节俭、反对享乐。"诺克斯甚至禁止人们在圣诞期间添置新装。但苏格兰人依然需要类似宗教仪式性的活动，于是彭斯之夜应运而生。"①

彭斯之夜的所有元素都包含着文化交融，凯利舞是盖尔氏族舞蹈，哈吉斯也是源于盖尔高地，彭斯则是低地诗人，主人分别是苏格兰和英格兰人，客人来自五湖四海。彭斯之夜继承了彭斯颂扬普通劳动人民的创作主题，哈吉斯原先是平民甚至是穷人的食物，凯利舞没有繁文缛节，《致哈吉斯》的韵律并不讲究。"彭斯对普通劳动人民充满了尊敬和同情，彭斯超出了阶级认同的局限，以更开阔的心胸关心人性"。②

而最后结尾的凯利舞自然是以《友谊地久天长》为伴奏，凯利舞有多种舞步，结尾舞是大家交叉挽手围成一圈，会唱的加入卢克的歌声，时而走向中心，时而散开。随着伴奏，歌曲越唱越快，"1、2、3、4"大家向右走四步，抬起左腿踢向右边，"2、2、3、4"大家反方向

① DRIFE J. Burns night dos and don'ts [J]. British medical journal, 1997, doi: https://doi.org/10.1136/bmj.314.7076.311.

② BUTCHER P. Robert Burns and the democratic spirit [J]. Phylon, 1949, 10 (3): 265-171.

走四步，抬起右腿踢向左边。"数得不错！"卢克喊道。

"《友谊地久天长》是全世界第二流行的歌曲。"菲奥娜在我身边说道。

"第一呢？"我问。

"《祝你生日快乐》。"说罢带头快跑向中央。

烈酒、美食、舞蹈和欢笑，打破了师生、国籍之间的屏障，彭斯之夜贯彻诗人对友谊和自由的追求。

三、圣安高地运动会

"能否把你比作夏日璀璨？你却比夏季更可爱温存"[1]，以前读莎翁诗作，不明白他为何用夏天比拟心仪之人，不论是窈窕淑女还是谦谦君子都难逃酷夏暑热。直到夏季来临，才知道英国绝大部分地区，尤其是苏格兰最高温不过 20℃，即使温度偏高的伦敦也仅有 25℃。与阴冷的冬季、低温的春季相比，夏季天气晴朗，许多室外比赛都选在夏季举行，风靡苏格兰的高地运动会更是必不可少的娱乐活动。

高地运动会原为盖尔氏族之间举行的竞技比赛，相传 11 世纪时，国王马尔科姆三世为了选拔御用高地传令官，下令各氏族举行竞技比赛，优胜者获此殊荣。参赛运动员是氏族选拔的武士，比赛项目分为两类，一类是风笛演奏和凯利舞表演等文艺项目，另一类是骑士比武、抛杆赛、掷链球、举石块、拔河等体育活动。高地运动会在农业现代化时期逐渐流传到低地，并随移民传播至北美，尤其是加利福尼亚和北卡罗

---

① 　原作为莎士比亚十四行诗第 18 号作品，译文选用孙梁先生译作。

来纳地区。

自 1984 年以来，圣安每年 7 月下旬举办高地运动会，场地多选在车站公园旁的体育场。比赛虽然选在 7 月，但早在 2 月网页就公布了竞赛项目和时间安排，场次票价不等，学生票最便宜的价格仅需 1 镑，最贵不超过 4 镑。骑士比武项目因其危险性，早已废止。我买了两张源于日常劳作的比赛项目抛杆赛和掷链球的门票，约安妮一起为运动员加油助威。

抛杆赛一直是最受欢迎的项目，必须早早抵达现场，否则找不到好的观赛位置。运动员上身穿着短袖 T 恤衫，下身穿着各种图案的格子裙，在场内热身。抛杆赛是力量型竞技活动，参赛运动员是清一色的彪形大汉。工作人员四人一组，从车上卸下三根长约 6 米、直径约 15 厘米的树干，安妮说树干的重量是 79 千克，比赛源于伐木工人在劳作时的小游戏。

运动员戴上手套，按照抽签结果轮流登场。首发队员走到白线处，将横放的树干立直。双膝弯曲，肩膀前倾，肌肉绷紧，将树干一节节抬高，最后双手紧托树干的底部，不断调整树干的平衡，并试着慢慢直立。安妮为我解释比赛规则：

"树干必须首先达到平衡状态，如果调整时落地即为犯规，这对运动员是很大的挑战。边裁负责判断树干是否平衡，如果达到平衡示意主裁判，可以进行抛掷。树干两端一端粗、一端细，运动员双手托着的是细端，抛掷时不仅要向远抛，还要向上抛，保证粗端对着远方。抛掷方向是运动员正前方 12 点方向。如果超出两条白线划定的区域，则成绩无效，有效成绩按照抛掷距离判定名次。"

经过不断调整，大力士终于站了起来，双肩和颈部离开树干，经裁判同意后，向前助跑几步，一声大吼，猛地将树干抛了出去。沉重的树干重重地砸在草地上，先声夺人。掌声和叫好声不断，大力士双手握拳，挥舞手臂，向观众致意。第二位选手跃跃欲试，嘀嘀两声为自己造势，有的观众吹口哨回应。同样的技术动作，第二位选手显然经验不足，平衡调试阶段用时超过首发选手，抱着树干摇摇晃晃，脖颈右肩齐用力。不过年轻弥补了经验不足，力量优势展示无疑，超过前辈，而树干恰好压线。第三位选手就没有这么好的运气了，一半树干可怜地横在白线之外。一位穿坎贝尔服装的选手上场时，安妮卖力地呐喊助威，尽管她根本不认识选手，而选手可能根本不姓坎贝尔，只是随意选择自己喜欢的图案。

比赛三轮后，总成绩最高者获胜。冠军得主是一位身着格兰特氏族（Clan Grant）服装的中年选手，力量和经验兼具为他赢得了胜利。

掷链球安排在下午，中午吃饭时，看见赛跑选手按照特定路线跑步，从标志性建筑圣安德鲁斯大教堂出发，向西绕过城堡，经过学校最古老的联合学院，赶往高尔夫球场，然后向南奔向主街中心的喷泉，终点是南街的码头门。

英国的午餐十分简便，三明治和咖啡是大众选择，我们拿着便餐，回到赛场，跟其他观众一样，躺在草地上，享受阳光，昏昏欲睡，工作人员收拾场地的声音又惊醒了我们，掷链球即将开始。

掷链球比赛不同于日常比赛。链球重 22 磅，约 10 千克，手杆是木质的，长约 1.2 米。工作人员挥着锤子，将一块长 1 米、厚 30 厘米的木条横向固定在草地中。

"高地运动会的掷链球比赛有独特的规定，运动员不能像平常一样在投掷链球后旋转身体，木条是为了阻挡惯性，防止运动员摔倒的。"安妮解释道。

"为什么不能旋转解除惯性呢？戛然而止不是很危险吗？"我好奇地问。

"他们都穿着格子短裙，你能想象一群壮汉裙子飘转的场景吗？"

不得不承认，禁止旋转的规定还是很有意义的，至少保证画面美观。

运动员背对投掷区，双手紧握木柄，将链球尽可能贴近左膝前方，最大限度地将身体转向同一侧，瞬间腰部扭转、双臂同时发力，将链球从左边的最低处挥过右肩最高处，链球飞出去，在空中画下抛物线。运动员右腿后撤蹬住木条稳定中心，防止旋转或摔倒，平衡感在抛杆赛和掷链球中都发挥了重要作用。掷链球中没有穿坎贝尔服装的选手，安妮依然兴致勃勃，但没有像上午一样声嘶力竭地助威。

高地运动会的经历跟格子裙的发展历史颇有相似之处，与时代变化紧密相关。从 11 世纪到 1745 年起义时期，运动会基于氏族生活劳作应运而生，运动会的竞技项目体现了武士阶级的重要性，展示了氏族之间的冲突和联盟。从 18 世纪 80 年代到 19 世纪 50 年代，高地农业现代化急速瓦解了盖尔人的社会和经济制度，但浪漫主义文学运动刻意选择、保留了部分盖尔文化。然而随着现代化的展开，高地运动会与社会结构和日常生活的联系不复紧密。[1] 1847 年起维多利亚首次造访高地后流连

---

[1] TRANTER N. Highland Games: The making of the myth by Grant Jarvie [J]. The Scottish historical review, 1993, 72 (193): 101-102.

忘返，在王室夫妇的推动下，静谧的高地变为皇室和贵族的游乐场。维多利亚对高地的喜爱成为高地运动会迅速普及的最重要因素，① 高地运动会变为休闲娱乐活动，成为工业社会中对古代社会的一抹追忆。竞技项目也不断地修改，狩猎比赛曾一度取代了武士比武，而如今，狩猎比赛也被禁止。"高地运动会"的称呼即使在美国也没有更改，但本质已经发生了变化，由高地盖尔氏族关系的竞争演变为苏格兰旅游业和文化产业投资发展的娱乐活动。节庆娱乐活动中的盖尔文化元素不仅受到盖尔人，也受到其他族群、民族和族裔人民的欢迎。

本章小结

本章主要探讨了盖尔文化提升为苏格兰文化标志的过程以及当今苏格兰服装、节日、饮食中的盖尔元素。盖尔人在苏格兰低地和英格兰人眼中一直是野蛮的，文学作品中不乏以理性文明驯服盖尔人的思想。启蒙思想家许诺的理想社会并没有到来，社会分化在工业进程中不断拉大，以沃尔特·司各特为代表的浪漫主义文学作家借用盖尔文化强调情感的重要性。司各特妙笔生花，将盖尔文化推向全国，盖尔文化变成怀旧的情感寄托。国王乔治四世的成功访问、上下一致的盖尔服饰虽然旨在建立王权与盖尔氏族的双向认可，但也推动了盖尔服饰的解禁和合法化，艺术品中也体现了民族交流和解的倾向。

除夕夜、彭斯之夜作为苏格兰人同庆的节日，吸收了诸多盖尔习

---

① JARVIE G. Lonach, highland games and Scottish sport history ［J］. Journal of sport history, 2004, 31 (2): 161-175.

俗，高地运动会也由民族节日变为跨国文化经济活动。盖尔文化的保存是选择性的发展过程，其象征意义不断发生变化，从高地走向苏格兰全境，当今的盖尔文化已经与苏格兰的社会背景密不可分，深受苏格兰乃至英国现状的影响，盖尔文化认同必须放置在更广阔的社会空间中进行考察。

第四章

苏格兰民族主义与盖尔文化

彭斯之夜过去不久，苏格兰议会选举开始新一轮紧锣密鼓的宣传，地方新闻不乏政客的辩论交锋，以苏格兰独立为政治目标的苏格兰民族党在民调结果中占据绝对优势。

新学期开学了，杰拉德参与筹划的诗歌翻译活动终于开始了。

"您为什么想将汉语诗歌翻译成苏格兰语？"我翻着手中的材料，汉语诗歌挑选的是李白、杜甫的经典作品。诗歌翻译的难度形同再造，韵脚、意象、修辞需要按照目的语习惯进行重现，更遑论杰拉德并不懂汉语。

"我有位朋友是摄影师，他送给我一本中国摄影集，我觉得太美了，开始接触中国诗歌，尤其是李白、杜甫和王维的许多作品，当然是英文版的。后来我就想为何不翻译成盖尔语或苏格兰语？恰好主办方也有同样的想法，但资金时间有限，他们选择了听起来更有号召力的苏格兰语。与英语相比……"

话到这里，又陆续有新同学走进来打断了我们的对话，包括九名英国学生和四名中国学生。杰拉德在随后简短致辞中进一步解释了他翻译目的：

"许多人问我为什么愿意将汉语诗歌翻译成苏格兰语，也有编辑问我为何要用盖尔语和苏格兰语创作诗歌，还有出版商直接劝我多出版英语作品。我想引用一句休谟的名言解释这些问题，'胜利不是靠舞枪弄棒的莽夫夺取的，而是源自军队中的笛手、鼓手和音乐家'。语言是思想的工具，是作者的武器，我们今天在此正是为自己的文化发声。与英语相比，苏格兰语是弱势语言，这也是两国实力和文化影响力的差距。"

听完最后一句，我猜测杰拉德在 2014 年苏格兰独立公投中一定投了赞成票。

第一节　苏格兰民族主义

我跟杰拉德和另一位女生杰西卡分在同一组。中国学生负责解释诗歌，包括作者创作背景和各种隐喻和修辞，英国学生负责根据中国学生的解释翻译成苏格兰语。我们组分到的诗是杜甫的《春望》和王维的《竹里馆》，翻译之前我需要向杰拉德和杰西卡简短介绍《春望》的主题思想。

"杜甫是唐朝著名的爱国诗人，《春望》写于唐朝国都长安被叛军占领的第二年，全诗描绘了国都被叛军占领后的萧瑟惨淡，表达了作者睹物伤怀的爱国情感。"我三言两语概括诗歌情感。

"所以，杜甫就跟罗伯特·彭斯一样？"杰拉德问道。我稍微一愣，然后点点头，又匆忙补上一句："虽然都是爱国诗人，但风格完全不一样，杜诗对仗工整，苍劲凝练，彭斯的作品通俗易懂。"说完我又有点后悔，似乎本能地抬高杜甫贬低彭斯。

"彭斯的遣词造句淳朴活泼，甚至不乏粗俗之语，因此有人称他为农民诗人，但我称其为游吟诗人（bard）。彭斯虽然没有受过大学教育，但博览群书，精通苏格兰语、英语和法语，他有实力写出辞藻优雅的古典诗歌，但他更喜欢描写苏格兰普通人的生活，笔触幽默风趣，他歌唱了普通人，把小人物变成诗歌的主角。他是苏格兰民族诗人，他强烈反对 1707 年的联合。"杰拉德极为推崇彭斯，他不仅写过彭斯生平传记，而且跟彭斯一样，用苏格兰语和苏格兰式英语创作。

杰拉德和杰西卡按照我的解释，斟词酌句地挑选苏格兰语词汇，我拿着字典，逐字查阅他们选用的译入语，发现为了配合苏格兰语习惯，杰拉德和杰西卡不约而同用归化策略剔除了异文化词汇。比如，苏格兰没有竹子，杰拉德用苏格兰常见的桦树代替《竹里馆》中的"篁"，杰西卡则干脆用了木头。

"关于苏格兰语的地位一直有争议，有学者认为苏格兰语是英语的一种方言，有的学者坚持认为苏格兰语是一种独立的语言，我支持第二种观点。"杰拉德说。

当今，在苏格兰民族党（Scottish National Party）的影响下，苏格兰民族主义（Scottish Nationalism）与苏格兰独立的政治目标联系在一起。但是苏格兰民族主义在 1979 年之前，一直包含着联合民族主义和独立民族主义两层含义，而且联合民族主义一直是主流思想，2014 年苏格兰独立公投再次证明联合派的胜利。

民族主义的内涵十分丰富，它是安东尼·史密斯主张的"一种为某一群体争取和维护自治、统一和认同的意识形态运动"①；是盖尔纳定义的"政治原则，它认为政治的和民族的单位应该是一致的"②；是凯杜里笔下探讨"一个社会应该怎样最好地实施其政治方案和实现其目标的学说"③；是格林菲尔德主张的"民族认同［或民族性（Nationality）］与民族意识，以及基于这两者的集合体——民族——相关的现象"。④ 本书认为苏格兰民族主义是自1707年联合后，探讨苏格兰地位和相关权利的政治学说，也是实践其权利的意识形态运动。

按照历史学家考林·基德和克里斯托弗·哈维等人的观点，苏格兰民族主义自1707—1945年是一种联合民族主义（Unionist nationalism）；1945—1979年是独立派逐渐发展的阶段；1979年至今，苏格兰民族主义一词变为独立派的同义词。⑤⑥

一、联合民族主义

第二次诗歌会开始时，我发现大卫也出现在会场，他向我介绍了身边朋友艾伦·麦肯齐，艾伦不到60岁，是一名工程师，幽默诙谐，在

---

① 安东尼·史密斯. 民族主义：理论，意识形态，历史［M］. 叶江，译. 上海：上海人民出版社，2006：10.
② 厄内斯特·盖尔纳. 民族与民族主义［M］. 韩红，译. 北京：中央编译出版社，2002：1.
③ 埃里·凯杜里. 民族主义［M］. 张明明，译. 北京：中央编译出版社，2002：5.
④ 里亚·格林菲尔德. 民族主义：走向现代的五条道路［M］. 王春华，等译. 上海：上海三联书店，2010：1.
⑤ HARVIE C. Scotland and Nationalism Scottish Society and Politics 1707 to the Present［M］. New York：Routledge，2004.
⑥ KIDD C. Union and Unionism Political Thought in Scotland，1500—2000［M］. New York：Cambridge University Press，2008.

会上妙语连珠。

"你知道麦肯齐是什么意思吗？"艾伦问，我遗憾地摇摇头。

"你看我的长相就知道啦，是英俊的意思。"艾伦一脸得意地说。我看向大卫，想知道这是玩笑还是麦肯齐的正确含义。

"麦肯齐确实是英俊的意思，当然跟他没什么关系，他就爱拿这句当开场白。"大卫毫不客气地调侃朋友。

艾伦偶尔听到我跟杰拉德和大卫聊起独立公投时，主动加入进来，他是联合派，我们约在一家咖啡馆见面。可惜杰拉德不能前往，最后我们三人成行。

"你们确定可以坐在一起谈独立公投？"我担心艾伦和大卫会产生不愉快，因为他们两人的政见截然相反。

"当然，我们在公投前就经常讨论独立的问题，不用担心。如果不想跟这个家伙说话，我早就回避了。"看出我的犹豫，大卫向我保证没问题，艾伦也友善地冲我点点头。

艾伦建议我品尝一种苏格兰茶点蛋糕（Tunnock teacake），虽然名为蛋糕，但其实是圆形的包裹了棉花糖的巧克力球，大卫说这个品牌是行销英国的苏格兰家庭品牌。艾伦慢条斯理地撕开包装，跟我们说起他的见解。

"我知道一定有人跟你说过 1707 年联合是贵族对苏格兰的背叛，我猜你也听过许多关于格伦科屠杀、高地清洗的故事，也听过人们抱怨苏格兰议员在威斯敏斯特议会的弱势地位。这些观点我都赞成，这是我在1997 年公投支持恢复苏格兰议会的原因，我感受到近 20 年来盖尔语的复兴，也支持福利制度，我们要做的是在联合王国内争取更合理的制度安排。所有这些都离不开财政支持和经济发展，自联合以来苏格兰经济取得飞速发展。2007 年金融危机更让我意识到小国家也许容易管理，但当全球性危机降临时，强大的国家才能尽快度过危机。当时苏格兰主要银行，包括皇家银行、苏格兰银行都已经破产，是国家财政拨款拯救了银行业，你对比一下爱尔兰，爱尔兰情况就十分糟糕，经济恢复得十分缓慢。"

艾伦的观点包含了联合民族主义的重要主张，即在联合王国的政治框架内争取苏格兰自主（home rule）权利。在以司各特、彭斯为代表的浪漫主义文学作家的推动下，苏格兰人在维多利亚统治时期（1827—1901）逐渐形成了双层认同，一层是苏格兰认同，更高一层的是联合王国乃至帝国认同。维多利亚统治时期是经济自由主义的时代，氏族制度瓦解，盖尔人走出高地，成为城市工人，资产阶级和变为土地贵族的族长合力推动了工业化，苏格兰城镇化水平显著提高。在此基础上颁布的《1832 年法案》将苏格兰代表在威斯敏斯特议会的席位由 45人增至 53 人，选举权由贵族扩大到有产阶层和学者。① 城市资产阶级的地位迅速提升，其主导的宗教、学术、慈善等组织遍布爱丁堡、格拉斯哥等大城市。至 19 世纪中期，地方已经可以节制中央权力。②

联合民族主义形成的导火线是唐宁街制定的一系列有违《1707 年联合法案》规定的措施。自 19 世纪起，边沁主义的集权政治思想成为伦敦中央政府的主要施政思想，认为"当代国家的特征是高度集权化，

---

① FERGUSON W. The reform act（Scotland）of 1832：intention and effect［J］. The Scottish historical review，1966，45（139）：104−114.

② COLEMAN J. Remembering the Past in Nineteenth-Century Scotland［M］. Edinburgh：Edinburgh University Press，2014：25.

拥有忠心耿耿的官僚，精心设计的行政体系，能够满足民众的各种需求"。① 受边沁主义的指导，辉格党政府于 1834 年颁布《济贫法》，名为"济贫"，实质上是减少对贫民的救济，"废除最低工资标准；救济院生活条件不得优于工作场所；禁止院外救济；救济管理从教区收归国家行政部门"。② 同年，首相查尔斯·格雷伯爵成立《济贫法》委员会调查各地区法律执行情况，苏格兰也成为调查对象。

委员会在《苏格兰报告》中写道："苏格兰的贫民管理权仍归教区所有，穷人过得十分舒适。"③ 委员会的调查报告引起了苏格兰议员和资产阶级的警觉和不满，因为根据《1707 年联合法案》规定，苏格兰保留了立法权，委员会的行为干涉了苏格兰立法权。1848 年，伦敦政府又颁布了《公共健康法》，并成立健康委员会督查地方公共卫生服务，苏格兰城市资产阶级认为以上两个委员会具有集权性质，侵害了苏格兰立法权，并发动了以委员会为目标的反集权运动。④ 由此成立了苏格兰权利辩护协会（National Association of Vindication for Scottish Rights）。

协会是一个松散的非政党组织，其成员有辉格党党员、文学家、商人。虽然被称为"现代苏格兰民族主义运动的先驱"，⑤ 但协会绝非要求独立，而是基于联合反对伦敦政府干涉苏格兰司法独立，协会强调苏

---

① PEARDON T. Bentham's ideal republic ［J］. The Canadian journal of economics and political science, 1951, 17（2）: 184-203.

② UK Parliament. The Poor Law Amendment Act: 14 August 1834.

③ Report on Scotland by the Royal Commission on the Poor Laws and Relief of Distress ［R］. The British Medical Journal, 1909: 16891962.

④ MORTON G. Scottish rights and 'centralization' in the mid-nineteenth century ［J］. Nation and nationalism, 1996（2）: 257-279.

⑤ BROCKLISSL, EASTWOOD D. A Union of Multiple Identities: the British Isles, c. 1750-c. 1850 ［M］. Manchester: Manchester University Press, 1997: 121.

格兰以平等的身份与英格兰联合，在大不列颠帝国内应得到公平待遇。1853年，协会在爱丁堡举行了会议，确定政治目标。首先，协会希望提升苏格兰在威斯敏斯特议会的地位，"苏格兰议员在威斯敏斯特议会的席位与人口数量比例不符，为了使苏格兰在议会与英格兰有同等分量，应增加苏格兰代表人数"。① 直到今天，许多苏格兰人仍认为伦敦忽视了北方的声音，大卫就是其中之一。

"公投的前一年，也就是2013年，苏格兰政府宣布将举行独立公投，但是伦敦的政客不以为意。直到公投前夕，民意调查的结果显示苏格兰很有可能独立，卡梅伦才匆匆跑到阿伯丁呼吁苏格兰人投反对票。可是他的听众都是谁呢？银行家和企业主，他们大多数是保守党的支持者，卡梅伦不去演讲他们也不会独立。伦敦政客从来不关心苏格兰问题，直到事态严重之后，才开始努力挽救。我们用一年的时间讨论是否要独立，在家里、在超市，甚至是等车的时候也会讨论苏格兰的未来，可是伦敦根本听不见。卡梅伦在阿伯丁煽情地说英格兰和苏格兰的联合是一场婚姻关系，请别离婚。我觉得这个比喻荒谬至极。"

我不禁好奇这种婚姻比喻哪里出了问题。"如果英格兰和苏格兰是婚姻关系，那威尔士和北爱尔兰呢？婚外恋？威尔士人会怎么想？"大卫解释，政治地位平等是大卫和艾伦共同支持恢复苏格兰议会的原因。

除追求政治地位平等，协会的第二项目标是强调"在帝国内，与爱尔兰相比，苏格兰在公共开支方面应享有优先权，然而财政补贴现在却倾向英格兰和爱尔兰"②。19世纪中期苏格兰军人和商人加入了殖民

---

① Justice to Scotland ［N］. The Examiner, Nov 5, 1853, pg. 712.

② Justice to Scotland ［N］. The Examiner, Nov 5, 1853, pg. 712.

活动，积极投身为帝国扩张，并认为苏格兰应该与英格兰一样，同为大不列颠帝国的"母国"，享有特殊的权利。1846 年爱尔兰和高地发生饥荒，"政府给爱尔兰拨款 800 万英镑，却没有给苏格兰任何援助"①，协会认为苏格兰作为"母国"受到了轻慢，提出了抗议。

协会提出的目标基础是对联合王国和王室的支持，一方面"表达了对联合王国的忠诚，另一方面希望得到联合王国政府的重视"②，历史学家格莱姆·莫顿（Graeme Morton）将这种在 1707 年联合框架内，要求与英格兰享有平等地位的苏格兰民族主义称为联合民族主义。③ 随着克里米亚战争的爆发，协会为了更高的帝国利益而解散。但从 19 世纪 80 年代开始，大不列颠帝国逐渐失去了工业垄断地位，苏格兰经济随之下滑，"格拉斯哥重工业损失惨重，立刻传导至整个苏格兰工业和苏格兰经济"④，唐宁街内阁忙于应对德国、美国对大不列颠帝国的挑战，无暇应对苏格兰危机，自主（home rule）的呼声逐渐响起。

二、苏格兰自主运动

苏格兰自主运动深受爱尔兰自主运动的影响。"历经 400 年的压迫

---

① MORTON G. Unionist Nationalism：Governing Urban Scotland，1830—1860［M］. East Lothian：Tuckwell Press Ltd，1999：140.

② TYRRELL A. The Earl of Eglinton，Scottish conservatism，and the national association for the vindication of Scottish right［J］. The historical journal，2010，53（1）：87-107.

③ MORTON G. Unionist Nationalism：Governing Urban Scotland，1830—1860［M］. East Lothian：Tuckwell Press Ltd，1999：189-196.

④ 孙文广. 苏格兰民族运动研究（1918—1934）［D］. 南京：南京大学，2015：29.

和不幸，在饥荒的刺激下，爱尔兰对英格兰的仇恨终于在维多利亚时代爆发。"① 1873 年爱尔兰成立自主联盟（Home Rule League），提出地方自主，即争取地方内务管理权，经商贸易、陆军海军、对外政策以及一切帝国范围内的事务，仍由威斯敏斯特行使最高控制权。② 苏格兰政治家以同情的态度关注爱尔兰自主运动改革，但反对爱尔兰的暴力活动。许多苏格兰政治家认为地方自主是为了巩固大不列颠帝国的统治，"权力下放建立自主政府能提升威斯敏斯特模式的行政能力，苏格兰自主通过分担责任建立更广阔的帝国，将为大不列颠帝国注入新活力"③。

在联合民族主义者看来，联合王国提供的经济保障成为地区教育、文化发展的前提，"联合对苏格兰的发展至关重要，一项启蒙性的法案（《1707 年联合法案》）帮助苏格兰摆脱了混乱和贫困"④。

"2014 年艾利克斯·萨尔蒙德（苏格兰民族党前任领袖）宣称如果独立，北海油田、水电能源以及欧盟市场会为苏格兰经济提供保障，可是你看现在的石油价格和希腊危机，我真是庆幸自己的选择，更何况石油资源终究是有限的。我再举一个相关的例子，英国研究理事会每年会给苏格兰大学拨款 2.1 亿英镑，如果独立，圣安德鲁斯大学的科研基金也会受到影响。"

艾伦的想法与苏格兰自主运动的思想如出一辙。

---

① DEMOCRITUS. Home rule and the unionists [J]. The English review, 1908—1937, 1912, 10: 697-712.
② 张新红. 爱尔兰民族解放运动探析 [D]. 上海：复旦大学，2000：28.
③ KIDD C. Union and Unionisms: Political Thought in Scotland, 1500—2000 [M]. Cambridge and New York: Cambridge University Press, 2008: 275.
④ DEVINE T. Almost three hundred years of the Anglo-Scottish union [J]. Scottish affairs, 2006, 57 (Autumn): 1-18.

在自主运动影响下，1885 年英国政府设立苏格兰办公室，由苏格兰事务大臣负责管理，事务部分设六个委员会，分别监管苏格兰内政、农业、渔业、教育、健康和监狱管理事业。苏格兰事务部具有协调中央和地方关系的功能，苏格兰事务大臣有权对以上六方面的地区事务进行政策调整，无须与英国其他地区保持高度一致。

1886 年，苏格兰自主协会（The Scottish Home Rule Association）成立，自主协会的目标是在苏格兰建立立法机关，管理所有苏格兰事务，对王室负责①，以应对当时的经济困境，改革不堪重负的帝国政治体系。为了更好地因地制宜，1928 年农业和监狱管理委员会迁往爱丁堡。苏格兰办公室的重要性日益显现，1939 年政府行政改革后，办公室升为苏格兰事务部，并增设副部长一职。

"现在苏格兰已经形成独特的教育体系，近十年来，苏格兰教育制度为盖尔文化的复兴提供了机遇。如果独立，至少苏格兰的教育支出将紧缩，那时我们盖尔语还能发展吗？发展空间会不会因财政限制而压缩？社区大学还会有盖尔语教程吗？"艾伦一边说，一边看向大卫，艾伦聪明地列举了与大卫直接相关的教育财政问题，切身利益往往更能打动选民。

除自主协会，陆续有诸如青年苏格兰人协会（Young Scots Society）等支持改革、要求地方自主的组织成立，不断推动苏格兰自主运动，自由党逐渐接受了自主要求，成立苏格兰地方自主委员会。自 1905 年至第一次世界大战爆发前，自由党领袖连任首相，苏格兰自主运动取得进展，1913 年 5 月 30 日《苏格兰自主法案》通过议会一读，但是随后第

---

① Home rule for Scotland ［N］. The democrat, Oct. 1, 1888, pg. 623.

一次世界大战爆发，苏格兰地方自主问题被搁置。

即使现在以独立为目标的苏格兰民族党，在 1934 年成立之初，其内部许多党员也是联合王国的支持者，领导人"凯文·麦克道尔是坚定的帝国主义者，竭力推动帝国联邦构想，甚至认为维护帝国比取得苏格兰自主更加重要"①。直至第二次世界大战结束后，在民族主义独立运动影响下，苏格兰独立民族主义才有所发展。独立民族主义者和联合民族主义者的最终政治目标不同，但双方携手共同推动了苏格兰自主运动。

三、独立民族主义

"我认为付出一些经济代价换取独立是值得的，"大卫的意见跟艾伦相反，他反击说，"我知道独立后经济会受影响，甚至会影响我的工作和收入，但我愿意付出这些代价，我是个理想主义者。"

"那是因为你才 30 岁，年轻人，我已经快要退休了，我需要退休金得到保障。"艾伦眼中有一丝对大卫的羡慕和欣赏。

"你参观过苏格兰新议会大楼吗？"大卫转而问我。

"进去过。"我点点头。

"我特别喜欢那栋大楼，从外观设计到室内气氛，处处充满平等的精神。"我跟艾伦对视一笑，之前我们曾谈起新大楼，艾伦坦言大楼外观古怪，并强调"很多人都觉得新楼的造型莫名其妙，为什么不用旧

---

① 孙坚. 当代苏格兰民族问题研究——以苏格兰国民党的发展演变为主线 [D]. 南京：南京大学，2014：96.

的议会大楼"。

大卫接着说："我曾经参与了苏格兰第一大臣尼古拉·斯特金主持的意见征集会。有一位代表是初中生，你能想象斯特金向一个初中生征求意见吗？那个孩子镇静自若，侃侃而谈，条理清晰。所有代表围着一个圆桌进行讨论，很有圆桌骑士的感觉，我十分喜欢这种平等的气氛。正厅的构造是半圆形的，议员们不用泾渭分明地相对而坐，象征着共同为苏格兰奋斗。但在威斯敏斯特议会，工党和保守党左右对立，自由民主党和苏格兰民族党坐在保守党斜对面的区域，政党之间虎视眈眈，好像只为党派斗争，争权夺势。"

"你太美化爱丁堡议会那些政客了，"艾伦终于忍不住打断大卫，"而且圆桌骑士不是英格兰亚瑟王的传说吗？"

"我欣赏大楼的设计理念，不是议员。"大卫辩护说。

"不管怎么说，苏格兰民族党取得今天的地位也是出人意料的。"我试着缓和一下气氛。

"的确如此。十多年前，谁又能想到苏格兰民族党竟然变成执政党呢？"大卫顺势赞同。

第二次世界大战结束后，反殖民运动高潮迭起，大不列颠帝国"在 25 年内逐渐从殖民地撤出，缩减开支，发展国内经济，殖民地不再被视为国家繁荣的必要基础"①。殖民地解放没有从根本上动摇本土基本政治制度，但 1949 年爱尔兰脱离联合王国，正式宣布独立，令苏格兰人深受触动，不仅刺激了自主和权力下放需求，而且独立民族主义势

---

① LLOYD T. Empire：A History of the British Empire ［M］. London and New York：Carnegie Publishing，2001：168-169.

力悄然增长。

自苏格兰事务部成立以来，苏格兰各级政府拥有了诸多地区事务管理权。但是第二次世界大战后，工党政府制订的凯恩斯主义经济计划立足于中央集权的基础之上，与苏格兰的政治传统背道而驰。议会主权是英格兰政治制度的核心，工党收归权力的行为源于议会主权的传统，但是苏格兰的政治传统是人民主权。苏格兰人对工党的失望并不意味着独立派拥护者的显著增多，在以重工业为主要经济结构的苏格兰，全国性的工党依然是选民的主要支持对象。20 世纪 60 年代之前，联合主义在苏格兰成功地跨越阶级、地区和民族差异，依然是主流政治观点。① 直至 20 世纪 60 年代末，英国经济增速减缓，逐渐陷入滞胀，苏格兰民族党的实力才快速发展。自此，苏格兰独立民族主义主要通过一个政党——苏格兰民族党体现出来。②

"我坚持地方主义，只有本地人才更了解苏格兰（The local knows better）。苏格兰民族党议员年龄层比较年轻，有许多 70 后党员。党员背景也更多元化，有移民后代，有的来自工人阶级家庭，当然还有中产知识分子，我感觉他们就在我的身边，触手可及。大部分威斯敏斯特议员来自中上层社会，在牛津或伦敦政治经济学院求学期间接受精英教育，积累人脉，进入政治圈。虽然我也是牛津的毕业生，但我认为牛津出身的议员高高在上，根本不了解底层和中下层苏格兰人的诉求。"大卫是民族党的坚定支持者，并对其寄予厚望，认为其能兼顾工人阶级和

---

① MITCHISON R. A History of Scotland［M］. London and New York：Routledge，2002：326.

② AGATSTEIN Z. And be the nation again：a consideration of the Scottish nationalist movement and Scottish national party［D］. Northeaster University，2015：34-35.

中产阶级的利益。

苏格兰民族党自第二次世界大战后抛弃了坚持维护帝国体系的政策，独立派逐渐取代了联合派的地位，要求实现完全独立，决不妥协。① 民族党开始制定与其他政党截然不同的政策路线，走向基层，开展动员演讲。大力吸收新成员，强调小人物的利益并在此基础上建立小城市民主。② "至20世纪60年代，民族党党员人数和组织机构开始发展。1962年成员只有2000人，至1968年成员增至120000人，分支机构也由21个扩展为472个。"③ 当今，民族党已经是苏格兰第一大党。

"苏格兰曾经是工党的天下，英格兰则是保守党的主场，民族党这种小党派很难挑战两党制，但是现在它成功了。保守党在苏格兰议会只剩一个席位。"大卫毫不掩饰地嘲笑保守党。

"一个席位，你确定？"我怀疑大卫可能搞错了，苏格兰议会一共有129个席位，保守党不太可能只剩一个席位，我看向艾伦求证。

"大卫，你弄混了，保守党目前在爱丁堡有15个席位。你说的一个席位是指苏格兰保守党在威斯敏斯特议会的代表人数。"艾伦纠正了大卫的说法。

"抱歉，那是我记错了。"大卫略带歉意地说，"不过，苏格兰民族党在爱丁堡确实独占鳌头。"

在民族党的推动下，苏格兰民族主义的联合含义逐渐消退，独立的

---

① MITCHELL, JAMES. BENNIE, LYNN. and JOHNS, ROB. The Scottish National Party： Transition to Power［M］. Oxford：Oxford University Press，2012：20.

② BEGG, H. M. Begg and STEWART, J. A. Stewart. The Nationalist Movement in Scotland［J］. Journal of contemporary history，1971，6（1）：135-143，145-152.

③ SCHWARZ, J. The Scottish national party：nonviolent separatism and theories of violence ［J］. World politics，1970，22（4）：496-517.

含义不断加深。原先支持在大不列颠框架下争取自主权的联合派弃用"民族主义（nationalism）"一词，转而使用"联合主义（union-ism）"。

联合派与独立派在携手推动了 1979 年、1997 年恢复苏格兰议会的公投后，实现了苏格兰自主的目标，随后分道扬镳。

"2014 年公投虽然失败了，但是独立的支持率将近 45%。"大卫乐观地看待独立前景。

"那要我说，只有格拉斯哥和邓迪两个城市支持独立，其余地区都反对，根本不可能独立。"艾伦换了一种统计方法，形势反转。但无论哪种计算方法，2014 年独立公投是联合派的又一次胜利，也是曾经联合民族主义的胜利。

当我整理报道人在 2014 年独立公投的选择时，发现很难将报道人的公投倾向以阶级、年龄或性别进行归类，同为工人阶级的米诺和彼得有截然相反的观点，艾伦和杰拉德年龄相近同为高级知识分子，却不相为谋。幸运的是，盖尔人的历史经历提供了一条辨析线索，来自离散氏族或移民家庭的盖尔人大多支持联合，而氏族没有离散经历或苏格兰出生的盖尔人多支持独立，他们都为苏格兰感到骄傲，但分歧背后隐藏着不同的期盼与担忧。

第二节 联合派的隐忧

3 月的一天，菲奥娜转发了一则公告，学校教堂周日将免费举办一场巴赫音乐歌唱会，德国作曲家巴赫（1685—1750）创作了大量宗教音乐，表演者是圣安德鲁斯大学合唱团。圣安合唱团一直与学校和镇里其他教堂合作，每周日在礼拜时间为合作教堂唱圣歌，但很少在教堂举行专场演唱会。圣安目前有 14 所教堂，除罗马天主教堂外，其余 13 所都是新教各宗派教堂。

这是我第一次在周日礼拜时间走进学校教堂（附录三），平日空空荡荡的教堂突然座无虚席，我跟中国好友提前 20 分钟入场，却不得不分开各找座位，一边跟别人说着抱歉，一边迎着别人打量的目光。等我坐下，发现教堂里只有我和朋友是中国人。教堂是十字形布局，合唱团的席位分布在主祭坛和牧师讲台附近，管风琴则在二楼。教堂墙壁上隐约剩下暗淡的色块，宗教改革时期，原本精美的壁画全被涂成白色。

环视一周，我在对面席位看到了熟人菲奥娜和她的丈夫汤姆。菲奥娜和汤姆看到我先是微微一愣，然后高兴地挥挥手。由于信仰不同，每周到学校教堂礼拜的教徒基本是固定的人数，我和好友无疑是为演唱会而来的陌生面孔。

主持牧师身穿浅蓝色布道服走进教堂，身后是一位身穿黑色布道服的神学院学生，他双手庄重地捧着一部厚重的珍藏版《圣经》，最后是圣安合唱团的学生，每人穿着红色长袍，手里拿着乐谱，从主持牧师迈进大门的那一刻，所有人起立，管风琴手也开始演奏。虽然今天是以演唱会为主，但依然有布道和筹款环节。今天的筹款是为了资助圣安的低收入单亲家庭。一个锦袋传下来，捐款数额随意，最后由学生收走。

演唱会结束，菲奥娜示意我等等再走，她要向我介绍主持牧师唐纳德·麦克伊文。唐纳德正在门口逐一跟信徒握手告别。菲奥娜告诉我在 2014 年独立公投前夕，唐纳德曾拜访镇里的居民，劝说他们支持联合。

一、重塑大不列颠认同

（一）从帝国到"酷不列塔尼亚"

"菲奥娜告诉我你曾经拜访镇里的居民，劝说他们放弃独立支持联合，是真的吗？"我深深钦佩唐纳德的勇气，政治选择是十分私人的话题，当他敲开别人的大门时，并不能确定对方是否跟他意见一致，遭到冷遇也在所难免。

"是。我不仅登门拜访，还在临近公投的几天打电话给别人，确保反对独立的居民不要动摇，也希望那些支持独立的选民给我一个谈话的机会，我可以在最后时刻争取他们改变主意。大部分居民很友好，毕竟在圣安联合派是多数，但我也吃过闭门羹。有一次，一位男士接听我的电话，他说愿意给我一个机会向他解释联合的重要性，结果等我到他家的时候，是一位女士开的门。她听完我的来意后，硬邦邦地说她绝对支持独立，然后就甩上了大门。"唐纳德坐在沙发上，不以为意地讲述自己被拒的经历："因为我是主持牧师，所以镇里许多人都认识我，即使是独立派也愿意请我进门，辩论一二。一开始我还在衣服外面戴了支持联合的徽章，但是学校管理人员建议我拿下徽章，因为学校不允许教工在工作时间表明政治态度。"

比起重视实际经济利益的艾伦，唐纳德更在意大不列颠认同。

"我从小接受的教育是大不列颠历史教育，我们看的电视也是英国广播公司的节目（BBC）。我虽然是格拉斯哥人，但是大不列颠认同早已深种。我曾经在日本工作，尽管我在国内总是骄傲地称我是苏格兰人，但在日本我更愿意告诉人们我来自联合王国。现在的大不列颠认同已经不同于殖民时代的帝国认同，现在强调的是王室和议会。"

20世纪90年代起，英国历史学界兴起大不列颠认同的热潮，历史学家琳达·考莱开创性地提出帝国、王权、威斯敏斯特议会和新教是帝国时期大不列颠认同的四大支柱。① 此后，有关后帝国时代或当今大不列颠认同的作品都是基于考莱的四支柱模式进行论述，并根据后帝国时代的现状做了新阐释。②

联合王国建立之初，各地区文化和经济差异十分明显，苏格兰人、英格兰人和威尔士人需要一项共同事业凝聚在一起，帝国扩张成为最好的选择。盖尔人无论是被迫离开故土前往殖民地，还是主动选择从军，走出高地都是一场漂泊的经历，诸如朱莉的母亲索菲原属的麦克里德氏族，在加拿大依然保留了氏族文化，可称之为离散氏族。离散原意指分散各地的犹太人，现在用来描述各种群体因为政治、文化、社会等原因而被迫离开自己国家、在其他国家或地区居住、在客居国采取种种方式保存传统文化、对家园故土始终心存"回去"的念想。③

通过帝国殖民体系得到晋升的盖尔人比留在高地或迁往低地的同胞

---

① COLLEY L. Britons: Forging the Nation 1707—1837［M］. London: Pimlico, 2003. 初版发表于 1991 年。

② 具体作品可参考 BRADLEY I. Believing in Britain: the Spiritual Identity of 'Britishness'［M］. London and New York: I. B. Tauris, 2007; JULIOS C. Contemporary British Identity English language, Migrants, and Public Discourse［M］. Hampshire: Ashgate Publishing Limited, 2008; MORRA I. Britishness, Popular Music, and National Identity: The Making of Modern Britain［M］. New York and London: Routledge, 1998.

③ 刘冰清, 石甜. 族群离散与文化离散研究的来龙去脉［J］. 学术探索, 2012 (2): 49-53.

更加适应北不列颠人的身份，原先的法国盟友不仅是英格兰的敌人，也是盖尔人的对手。经过浪漫主义文学运动，高地在四散各地的盖尔人心中已经变成近乎神圣的家园，身在异地，心系故乡促使离散或迁往英格兰等地生活的盖尔人更加支持帝国式大不列颠认同。

而在当今，帝国时代早已结束，"大"也仅仅变成不列颠的形容词，领土的急剧收缩需要一个新的取代概念。前首相布莱尔在执政时期，提出了"酷不列塔尼亚（Cool Britania）"取代原先的帝国形象。

布莱尔执政之初呈现出年轻、改革的工党政府形象，取代自撒切尔延续到梅杰长达22年的保守党政府。面对多元文化的社会现实，布莱尔政府希望将不列颠重塑为焕然一新、现代、超前、自主的年轻国家。[①] 其继任者戈登·布朗也强调只有不列颠人才能为这个国家提供目标和方向。[②] 在帝国时代，大不列颠认同或北不列颠人为包括盖尔人在内的所有苏格兰人提供了制衡英格兰的话语权。与南方邻居相比，苏格兰人更加热衷大不列颠概念，大不列颠可以视为苏格兰人的发明。[③] 布莱尔推行的权力下放旨在维护苏格兰、威尔士和北爱尔兰地区对大不列颠的认可。

"我曾经劝说了几位犹豫不定的选民最后选择了联合。因为他们想投赞成票是为了表达对唐宁街的不满，而不是真的想独立。他们告诉我苏格兰是不可能独立的，他们干脆投赞成票，最后我劝说他们放弃了这

① BRADLEY, IAN. Believing in Britain: the Spiritual Identity of Britishness ［M］. London and New York: I. B. Tauris, 2007: 6.
② BROWN G. Speech to British Council ［N］. The Guardian, 7 July 2004.
③ COLLEY L. Britishness and otherness: an argument ［J］. Journal of British studies, 1992, 31（4）: 309-329.

个想法，如果因为不满保守党政府而投下赞成票，最后面临的可能是失去不列颠身份的危险。"唐纳德反对草率投票的行为，"人们可以反对某一任政府，也可以讽刺某位政客，但首相早晚会换人，而苏格兰一旦独立，就很难回头了。"

从"酷不列塔尼亚"在世界范围内引领的时尚潮流、不列颠史研究潮流，到2012年伦敦奥运会，大不列颠认同虽然受到挑战，但依然深入人心，例如唐纳德等联合民族主义人士，通过权力下放满足地方政务自主的愿望，成为大不列颠认同的坚定支持者。

（二）新教与多元宗教

自宗教改革后，苏格兰长老会强势地控制苏格兰低地以及高地部分地区的宗教、教育等活动，天主教教徒在英国本土境内遭到沉重打击。长老会的实力曾一度可以左右苏格兰的王位继承，苏格兰女王玛丽·斯图亚特是天主教徒，在长老会发动的政变中逼迫放弃王位，流亡英格兰。在英法殖民争霸活动中，以天主教为主的法国无论是国家实力还是宗教信仰都变成英帝国的绊脚石。

如今的长老会已经无法与往昔相比。根据2011年苏格兰人口统计显示，长老会依然是最主要的宗教流派，占人口的32.4%，而无神论则占人口的36.7%。在英国全境，随着移民的增加，犹太教、伊斯兰教、印度教的信徒快速增长。

"新教依然是英国的主流宗教，女王也是圣公会的领袖。但是我自己的经历告诉我新教的影响力在削弱，至少我认为学校教堂的号召力已经不如从前了，镇上其他教堂也有类似情况。南街浸礼会的情况好一些，许多亚洲学生去做礼拜。镇上许多教会之间形成了协作关系，希望通过为学生提供帮助而增强影响力。"

相较新教影响力的削弱，原本惨遭打压的天主教如今呈现增长态势。2009 年英国境内天主教徒为 300 万，2011 年增长至 570 万。苏格兰高地部分地区，例如西部群岛等地的盖尔人聚居区，天主教人口超过新教人口。盖尔天主教徒在 1745 年起义失败后遭到了围剿，并非所有参与起义的盖尔人都是天主教徒，但由于其拥护者是查理·斯图亚特，起义氏族便与天主教联系起来。对外法国是宗教敌人，对内盖尔天主教徒是打击对象。

1689 年光荣革命后，出台了《宗教宽容法案》，允许新教各教派举行布道和礼拜活动。但是天主教却不在宗教宽容之列，反而制定了诸多限制天主教教徒的规定。1745 年起义结束后，天主教徒没有选举权，不能在政府部门供职，在苏格兰地区，包括圣安德鲁斯大学在内的高校校长都不得由天主教徒担任。当今宗教歧视政策早已被废除，但是仍然给支持联合的天主教徒留下困扰。病友俱乐部的艾米丽认为，一方面她坚持大不列颠认同，另一方面她又是天主教徒，新的大不列颠认同的宗教基础应该更加宽容。

（三）威斯敏斯特模式的变革

王权与议会是英国政治体制的核心，现行的威斯敏斯特模式从帝国时期到今天一直是英国政体的根基。

"威廉王子和凯特王妃是圣安德鲁斯大学的毕业生，校博物馆和咖啡馆都有两人到访的标牌，我曾经在主街的乐购超市看见过威廉，当然他周围都是保镖。因为威廉和凯特的原因，绝大部分圣安的学生和居民对王室报以支持态度，毕竟学生想有个知名校友，居民则希望多点谈资。"唐纳德诙谐地调侃威廉王子的名人效应。

威斯敏斯特模式是基于 19 世纪辉格党的政治理念而建立的。其核心原则是议会主权，君主也是议会的组成部分而不能凌驾于议会之上。议会选举胜出的单一政党组阁，政府以首相为首，拥有最高行政权，其他所有行政机构隶属政府。首相和内阁的最高行政权是权力逐渐集中的结果。通过战争或条约，威尔士、苏格兰和爱尔兰先后并入联合王国，地方议会依次解体，权力（权利）上交至国家议会。

与威斯敏斯特模式相呼应的是辉格党的精英主义政治思想，即"大多数民众不具备政治能力，并具有潜在的威胁性，因此议会和政府虽然代表人民，但不能让民众获得很多政治资源"。① 辉格党党员埃德蒙·伯克（Edmund Burke）在《对法国大革命的反思》一文中写道："法国是世界上最重要的国家之一，如今落入普通人手中，普通人没有责任心，也没多少荣誉感和判断力。"② 保守党代表土地贵族的利益，虽然与辉格党存在诸多分歧，但同样惧怕民众发动大革命，剥夺土地贵族的财产。法国大革命引发的混乱是辉格党为威斯敏斯特模式辩护的最佳理由。大不列颠的秩序与法国的失序证明只有受过高等教育的精英才能管理国家。

地方政务自主是威斯敏斯特议会将部分权力（权利）返还至地方，因地制宜节省管理成本、提高管理效率的举措。权力下放是对威斯敏斯特模式的局部变革，内阁政府虽然拥有最高行政权，但"政府将权利（权力）授权给下属的行政机构，下放的权利（权力）不会干涉中央权

---

① HALL M. Political traditions and Scottish devolution [D]. Birmingham：the University of Birmingham，2009.

② BURKE E. Reflections on the French Revolution [M]. London：J. M. Dent & Sons Ltd，1951：90.

力（权利）"①，王权与威斯敏斯特议会依然是大不列颠认同的支柱。

对于出生在高地以外地区的盖尔人来说，大不列颠认同是他们维系祖先家园与现居之地的重要纽带，他们担心苏格兰独立将重新引发族群的对立。

二、内部分化的担忧

"独立、自由这种字眼十分吸引眼球，我承认独立派的宣传标语比联合派更加有号召力，毕竟苏格兰曾经是独立的王国。"菲奥娜和我在厨房里削青苹果，准备制作在英国颇受欢迎的苹果派。菲奥娜大方地与我分享秘方，并在旁指导。

"但是，他们想过独立之后会怎么样吗？高地与低地会不会再次对峙？设得兰群岛居民会不会要求独立，毕竟在他们眼中，爱丁堡也是遥远的南方，他们则是斯堪的纳维亚人的后代。高地内部会不会重现麦克唐纳德和坎贝尔的冲突？西部外岛跟高地东部会不会分道扬镳？在苏格兰生活的英格兰人会不会遭到排挤？威尔士呢，少数族裔呢？在苏格兰哪怕是运动比赛也有宗教、政见对立的影子。我可不是无中生有。苏格兰有两支著名的足球队，一支是流浪者队（Rangers），另一支是凯尔特人队（Celtic）。两支球队就像曼联和阿森纳一样是宿敌，流浪者的球迷主要是新教和联合派的支持者，凯尔特人的球迷基础则是天主教徒和独立派人士，而天主教徒中又以盖尔人为主。"

---

① GAMBLE A. The constitutional revolution in the United Kingdom［J］. Publius, 2006, 36（1）：19-35.

　　菲奥娜的话让我想起水管工彼得，初见彼得时，他正穿着凯尔特队球服，彼得正是盖尔天主教徒。虽然自 18 世纪 80 年代起，盖尔人走出了高地，氏族社会早已荡然无存，但是现在依然有强化高地与盖尔人联系的活动。例如，每年 2 月，麦克唐纳德氏族联合会在格伦科谷举行纪念屠杀的默哀仪式，高地旅游业也推出了各种寻找氏族发源地的旅行路线。除了高地与低地的差异之外，北部的设得兰群岛原先是挪威领土，1472 年归属苏格兰至今依然深受挪威文化的影响，1987 年设得兰群岛和奥克尼岛联合发起了独立运动，最终通过选区改革平息事态。

　　苏格兰虽然是多元文化社会，但基本可以分为高地、低地和北部群岛三种不同的文化和生活方式。莫尔豪斯曾在论文中评论"苏格兰人是依靠厌恶英格兰而团结在一起的"。①

　　"公投时，格拉斯哥市民选择了独立，公投结果公布后，格拉斯哥发生了局部骚乱，独立派殴打了来自英格兰的市民，并大喊'滚回英格兰'，你上网就能找到原文。据我所知，圣安已经有一户人家搬回了英格兰，当然也可能是工作原因。我还听说一些英格兰人接到了恐吓电话。哦，说真的，我真是讨厌独立公投。投票站门口反对派和联合派泾渭分明，圣安设了 5 个投票点，这就意味着附近居民选择最近的投票站，原本友好的邻居各自选边，相对而视，幸好不是所有人都喜欢当众表明立场。"说到最后，菲奥娜难免语带抱怨，切苹果的力道也重了几分，她的丈夫汤姆是伦敦人。

　　"菲奥娜讨厌公投是因为我，"汤姆遛完狗走进来，"我在苏格兰工

　　① MOORHOUSE H. Scotland against England：football and popular culture ［J］. International journal of the history of sport, 1987, 4 (2)：189-202.

作、生活了20多年，我喜欢圣安，可是一场公投，所有的矛盾都指向了英格兰，我仿佛突然变成不受欢迎的人了，反英格兰人（anti-English）的情绪突然开始弥漫，我的朋友虽然待我如常，可是我难免心怀不安。"汤姆感叹道。

"格拉斯哥的骚乱只是极少数现象，我想大部分支持独立的人也并不是反对英格兰人。我认识一家人，丈夫是盖尔人、太太是英格兰人，连她太太都支持苏格兰独立，更何况联合派才是主流。"我希望能安慰菲奥娜和汤姆，而那户人家就是大卫和他的太太。

大卫认为："独立不意味着反对英格兰人（anti-English），我们不会把英格兰人从苏格兰赶出去，毕竟许多苏格兰人的父亲或母亲就是英格兰人。即使有反英格兰情绪，也是在体育赛事中。1990年橄榄球联赛的决赛是苏格兰对阵英格兰，赛前英格兰球员根本瞧不起我们苏格兰，我们最后一分钟给了他们一个绝杀，苏格兰队赢得联赛冠军。"

2015年10月举行了四年一次的橄榄球世界杯，苏格兰再次遭遇夙敌英格兰，我身边的苏格兰人无论是否喜欢橄榄球，对这场赛事都十分期盼，他们期盼再现1990年的风采。赛前，房东、同学、朋友骄傲地跟我描述1990年的那场胜利，虽然那场赛事只是年度联赛而不是世界杯。本次比赛结果令苏格兰人大失所望，英格兰淘汰苏格兰。

除了特殊事件引发的格拉斯哥极端案例，"反英格兰"更像是一种竞争心态，维哈姆将苏格兰人的反英格兰情绪比喻为《圣经》中身形矮小的大卫战胜巨人歌利亚的"失败者心态"，希望以小博大，以少胜多，不断追赶英格兰的奋斗精神。① 竞争心态在苏格兰内部城市之间也屡见不鲜，爱丁堡是苏格兰首府，格拉斯哥是苏格兰第一大城市，爱丁堡人称格拉斯哥人为格拉斯哥佬（Glaswegian 或 Weegie），格拉斯哥人回敬对方爱丁汉堡人（Edinburgher）的称呼。但是内部戏谑般的玩笑和竞争不同于对外攻击，反英格兰引发了心理不适，虽然直接受害者是生活在苏格兰的英格兰移民，但受到深层波及的是各个群体。

"独立公投不仅影响了我丈夫的情绪，而且也影响了在英格兰生活的盖尔人。我哥哥生活在曼彻斯特，他抱怨说公投之前，同事朋友频繁地问他苏格兰如果独立了，他是不是要回高地？人们似乎在逼迫他在祖先故乡和现代生活之间二选一。相比高地盖尔人，低地盎格鲁人和诺曼人没有这类烦恼。但是低地与英格兰文化紧密交融，比如圣安，有人称圣安是苏格兰的小英格兰，那会不会也成为反对对象？"

大卫出生在高地刘易斯岛盖尔社区，在 16 岁之前一直生活在原生文化环境中，高地清洗和离散虽然是盖尔历史的重要组成部分，但是大卫的祖辈及本人并没有离散的经历。大卫在刘易斯岛有亲属和房产，刘易斯岛是他的故乡，也可以作为未来定居的家园。但是菲奥娜的祖辈不仅走出了高地，而且她的丈夫是英格兰人，高地是她的精神故乡，圣安则是现实家园，这里有她的亲朋好友。独立可能引发的分化威胁着她所珍视的家园和人际关系。盖尔氏族的遭遇是她对苏格兰联合民族主义的情感支持，但氏族离散记忆也恰好是她反对独立民族主义的依据。

---

① WHIGHAM S. Anyone but England? exploring anti-English sentiment as part of Scottish national identity in sport［J］. International review for the sociology of sport，2012，49（2）：152-174.

三、政党选择的两难境地

四月的苏格兰草长莺飞，可爱的阳光跳跃在林间，庆祝树木回青，人们的脚步也轻快起来，脱去笨重外套的邮递员也频频造访各家各户，从正门的投信口扔下成沓的选举传单，造势已久的苏格兰议会选举即将举行，各派政客不遗余力地为自己争取最后一点选票。与之前的宣传单相比，现在的宣传单加上了候选人对退出欧盟的看法。我的苏格兰室友从法夫郡政府收到两封选民注册信函，信函一再强调选举的重要性，鼓励苏格兰居民参与投票。

"你支持哪个党派？"我再次见到艾伦是在校博物馆举行的诗歌会成果展上。

"苏格兰民族党。"这是一个出乎意料的答案，反对独立的艾伦竟然选择了苏格兰民族党。

"其实我没有更好的选择对象。圣安曾经有一位政治经验十分丰富的自由民主党代表，但他已经退休了。保守党历来在苏格兰不受欢迎，工党自从走向第三条道路后逐渐失去了苏格兰的工人阶级基础，这也是现任工党主席科尔宾宣布重返左翼路线的原因，但目前还未见成效。绿党的政策有点偏激，相比之下苏格兰民族党的政策更加务实，至少他们明确提出了保护盖尔文化、重视盖尔语教育的目标，民族党关于医改、税收调整和教育的政策更加务实，他们巧妙地避开独立的目标，而更加关注现实问题，2015 年我选了民族党，而我妻子干脆没投票，我想这次结果还一样。"

苏格兰议会代表与苏格兰派往威斯敏斯特议会的代表是两场不同的选举。自 2015 年，圣安德鲁斯所在的东南法夫郡选区推举苏格兰民族党党员史蒂芬·盖辛斯（Stephen Gethins）为威斯敏斯特议员。无论艾伦多么坚持联合，现实提供的选择也不尽如人意。一方面，民族党坚持的福利国家制度和支持欧盟的现实政治理念具有其他党派无法比拟的吸引力，尤其保护盖尔文化的政策确保了高地选区的投票。但另一方面民族党以苏格兰独立作为未来目标，这使艾伦和其他反对独立的选民陷入了两难境地。

"那你选了苏格兰民族党，不等于变相地支持独立吗？"我问艾伦。

"是这样。不过幸好独立还需要再次举行公投，而不是执政党独断乾坤，这样既能保持各种福利和文化保护政策，又能制约民族党的独立目标。我觉得这次民族党肯定还是多数党。"艾伦的务实态度最终为他和相似的选民提供了解决方案。2014 年只有格拉斯哥和邓迪两个选区支持独立，2016 年苏格兰议会选举中苏格兰民族党赢得了 69 个席位，成为绝对多数党并组阁。

根据英国政府在独立公投前夕的许诺，2016 年 3 月威斯敏斯特议会通过《2016 苏格兰法案》，同意进一步向苏格兰地区议会下放权力。主要包括调整消费税、免除个别税款和改革地方选区体系的权力。

"我承认苏格兰民族党为苏格兰争取到更多的权利，无论是联合派还是独立派民族主义者都对放权持欢迎态度，这也是民族党在 5 月选举中大获全胜的原因之一。民族党从 2007 年执政以来影响力不断攀升，如果持续下去，不可避免地会吸引更多选民支持独立，这才是我真正担心的情况。"艾伦说道。

热衷于盖尔文化复兴的报道人不仅像其他选民一样考虑福利等社会制度，还要考虑有关盖尔文化的相关政策。与工党和保守党相比，民族党议员迈克尔·拉塞尔早在 2003 年就向议会提交给予盖尔语和英语同等地位的提案，2005 年拉塞尔的提案得到通过。2016 年苏格兰政府在民族党领导下额外拨款 70 万英镑用来改善盖尔语的教学环境。①

第三节 独立派的呼声

一、盖尔文化资本的转换

经过一个多月的筹划和协商，诗歌会终于可以在学校博物馆办一场为期一个月的展览。被选中的作品将以汉语和苏格兰语对比的形式陈列展出，我跟同学合作的两首诗歌入选在列。房东丽琪下班后跟丹尼一起到学校博物馆为我加油。展览将在晚上 6：00 举行一个小小的开幕式，介绍诗歌翻译会的经过，以及由每组合作者轮流上台，分别用汉语和苏格兰语朗诵翻译作品，墙上的大屏幕将展示英文翻译以供参考，并不时闪过搭配诗歌的中国风景照。

5：50 我跟搭档杰西卡按照要求抵达博物馆，进行前期准备。博物馆除了三位留守的工作人员，只有 4 名观众，我跟杰西卡不约而同地感到一丝失望和尴尬。杰拉德、大卫、艾伦以及其他作品入选的同学也陆

---

① SNP. What Steps Have the Scottish Government taken to support the Gaelic Language in Scotland? SNP. org .

续到来，二楼展厅终于不再空荡荡的。

"至少我们可以自我欣赏嘛。"大卫准备了西打酒、葡萄酒和果汁招待客人。西打酒果然是英国销量第一的酒品，立刻打开了客人的话匣子。6：00下课了，学生结伴而来，丽琪和丹尼稍晚时间也悄悄出现在人群后面。虽然只是小小的展览，可是能朗诵汉语诗歌还是很令我兴奋的。

"我虽然不懂汉语，但是我觉得韵律和起承转合很好听。"丽琪一边对着英语屏幕一边看着墙上的作品。

"我们为什么不组织一场翻译会呢？将汉语诗歌翻译成盖尔语？而且你看汉语诗歌都很短，只有四行，最多也只有六行。"丹尼提议说，我忍不住解释为了方便翻译，杰拉德挑选的大多为四言诗，汉语诗歌有许多优美的长篇作品。

"这是个好主意，我们可以跟行政人员商量一下。"丽琪极为赞同丹尼的提议。

丹尼曾在刘易斯岛的学校因说盖尔语而被老师殴打斥责，这段少年时期的经历促使丹尼现在十分重视盖尔语教育和盖尔文化的复兴，他的观点跟大卫有相似之处，即支持苏格兰独立为盖尔文化赢得更多发展空间，而支持联合的丽琪对此抱有疑虑。

"丹尼，你心目中的盖尔文化复兴的理想目标是什么？你总不能希望恢复氏族制度吧？"丽琪问丹尼。丽琪是不折不扣的圣安人，生于斯长于斯，从圣安大学毕业后在圣安工作。

"当然不是恢复氏族制度。我认为如果苏格兰独立，盖尔文化能获得更高的地位，更多人关注盖尔语，使盖尔人更有自信。"丹尼否认道。

"我也希望盖尔语能受到主流大众的重视，但我不认为盖尔文化应凌驾于苏格兰其他文化之上，我是一个麦凯伊，我也愿意称自己是低地人，更何况高地与低地文化早已交融，我认为盖尔文化是苏格兰文化区别于英格兰文化的标志之一，但怎么可能有纯粹的盖尔文化呢？就连你跟我使用的盖尔语也有语法和词汇的差异。"丽琪反对丹尼的观点。

高地与低地的文化差异由来已久。18 世纪 80 年代农业现代化开展之前，高地实行氏族制度，主要语言是盖尔语，低地在 1645 年内战爆发之前与英格兰一样实行封建制，并设有议会；语言历经盖尔语、苏格兰语和（苏格兰式）英语的演变。从社会制度和语言角度，自 1603 年王权联合以来，苏格兰低地文化与英格兰逐渐接近，并随着王权南下而互相影响。

"我说的地位提高是希望盖尔语和英语、苏格兰语都变为苏格兰官方语言，也许有一天我们面前的展品就会有苏格兰语、盖尔语、英语并排出现的场景。因弗内斯市的各种公共标语全是盖尔语和英语双语标志。"丹尼笑笑，不欲再争辩，岔开话题。

盖尔文化可以看作一种文化资本，其存在形式既有以盖尔人为主要依托的身体化形式，并形成持久的行为、思维和感知模式；也有表现为文化产品的客体化形式，例如因弗内斯市的语言标牌、各种盖尔语文学作品；其制度化形式在不同历史时期经历了波折。① 盖尔语教育在 1745 年之后被严禁，乔治四世访问爱丁堡后虽然有所恢复，但依然未列入公

---

① RICHARDSON J. Handbook of Theory and Research for the Sociology of Education［M］. New York：Greenwood，1986：241-258.

共教育制度之中，直至《2005 年盖尔语法案》以及政府设立学习津贴后才正式从制度层面得到保障。制度保障影响了个人文化爱好，激发了丹尼对盖尔语诗歌的喜爱。丹尼希望盖尔人的文化资本进一步与苏格兰场域内的正统文化相适应，摆脱盖尔语被边缘化的境地。浪漫主义文学运动和乔治四世访问曾为盖尔人提供了将文化资源转化为有利文化资本的机遇，但语言不在其中。在丹尼眼中，独立公投是盖尔语转化为正统资本以及资本再生产的良机。①

二、威斯敏斯特模式的弊端

病友俱乐部的菲利普和他的太太珍妮邀请所有志愿者在银行假日那天到他们家喝下午茶。菲利普家就在圣安医院旁边，大门上贴着苏格兰民族党的标志。圣安一些居民的落地窗或院落里会放一面旗帜，有的是米字旗，有的是圣安德鲁斯旗，或两者兼具，鲜少有人在大门上贴党派标志，毕竟政见属于个人隐私。菲利普说他曾与工党领袖戈登·布朗共事，并且关系良好，门上醒目的民族党标志更值得玩味。

"你周四打算选民族党吗？"我问菲利普。

"是，"菲利普向我们展示了印有民族党标志的衬衫，"而且自 2013 年起，我就是民族党党员了。"

"你以前不是工党党员吗？"米诺问。

"不，我不是工党党员，虽然我曾经支持工党。工会主席最好不要

---

① 常宝. 从布迪厄的"文化资本"理论谈族群文化的发展问题 [J]. 西北民族研究, 2011，70 (3)：32-36，11.

加入党派，否则反对党上台后，工会会受到影响。而且只有保持中立，才能吸引各派领导人争取选票，这是工会为工人争取利益的好时机，当然敦促获胜者兑现诺言也是工会主席的职责。"

"那你怎么放弃支持工党了？"工党原则上代表工人阶级的利益。

"我生病之前是工党坚定的支持者，彼时苏格兰还是工党的天下，布莱尔上台初期在苏格兰颇受欢迎，毕竟我们终于摆脱了保守党。可是好景不长，第三条道路在经济政策上依然延续了撒切尔政策，这恰恰是苏格兰人最不满的问题，而布莱尔的财政大臣就是戈登·布朗。我生病倒下后，跟他的私人关系就疏远了，布朗推行的政策更让我失望。此外，我们苏格兰人热爱和平，可是布莱尔不顾苏格兰人的反对，参与了伊拉克战争，尽管他就是苏格兰人。"菲利普和珍妮端上几样甜点，没有用电视剧里夸张的三层甜点架。

"苏格兰议员如果真的代表民意，那他们威斯敏斯特难道不能阻止布莱尔吗？"

"威斯敏斯特制度下，多数党党员原则上应遵从政党领袖即首相的领导，特别是前排议员如果反对首相，需要先辞职，所以苏格兰议员受到党派限制。而且即使苏格兰议员团结一致，也只有 59 票，而议员席位当时有 659 个，现在是 650 个，英格兰议员席位有 500 多个，而工党又是多数党。这种巨大的席位差距怎么能阻止战争呢？哪怕苏格兰、威尔士和北爱尔兰所有的议员不顾党派利益团结一致，也难以改变结果，而保守党又与工党在伊拉克问题上达成了一致。席位差距是造成苏格兰的声音经常被唐宁街忽视的原因，盖尔人的声音更被忽略不计。而且近几年，下议院苏格兰地区代表基本是民族党党员，唐宁街无论哪个党派掌权，都不会欢迎地方政党。"菲利普不愧是曾经的政治人物，一针见血地指出苏格兰在威斯敏斯特的劣势以及该模式的弊端。

"但苏格兰人口数量毕竟与英格兰相差很大，英格兰人口有5300多万，而苏格兰大概有520万人，人口与席位比例是合理的。"辉格党时代树立的边沁主义思想依然是英国议会的主流政治思想，相比之下，借鉴威斯敏斯特模式的美国国会对"最多数人的最大幸福"做了修正，参议院无论各州大小，皆有2名代表，众议院则按照人口比例调整席位。

"工党执政我们还能忍受，苏格兰人历来讨厌保守党，宁愿选自由民主党、绿党也不选保守党。但是我们人口实在太少，而英格兰人更喜欢保守党。"米诺在覆盆子蛋糕上又挤了一层酸奶油，包装上标写着那是苏格兰酸奶油。圣安超市的新鲜果蔬和蛋奶产品经常注明是苏格兰产品。

"公投之前我认真阅读了两派的观点，相比威斯敏斯特议会，盖尔选区是苏格兰议会不可轻忽的组成部分。我知道公投的重要性，它决定了苏格兰的未来。我甚至看到有一只小狗的衣服上都印有标语。几经权衡，我还是选择了独立，也许我们会遭受经济困难，但是我的孩子将受益，他们可以生活在阶级差距缩小、更加公平的社会中。"

"珍妮，你呢?"珍妮很少插言，只是适时为客人添茶。

"我是不太支持独立的，但菲利普说如果我投反对票，他投赞成票，我们这两票就抵消了，所以他让我改投赞成票了，至少表示对卡梅伦的抗议。"珍妮的说法倒与唐纳德在登门访问遇到的情况颇为相似。

苏格兰人和英格兰人的政党偏好取决于各自的社会文化。苏格兰自宗教改革后与英格兰相比，无论在社会还是个人层面更接近平等主义。① 长老会产生于世俗权力反对君主专制的时代，主张上帝并非直接将权力赋予君主，而是通过人民将权力赋予君主，当君主实施暴政时，人民有权反抗②，具备了人民主权和平等主义思想的雏形。平等主义认为人类是平等的，尤其在社会、经济和政治领域享有平等权利，同时也包含了反对压迫的政治哲学思想。在平均主义政治思想下，主张自由平等的辉格党（自由党）及继任者工党成为苏格兰人的首选党派。截至1984 年，大量盖尔工人分布在格拉斯哥、爱丁堡以及低地其他城市③，也是工党的拥护者。

同时代在英格兰开展的宗教改革秉承路德宗改良君主政体的意图，英国圣公会（Church of England）并没有在宗教思想上建立平等观念，相反君主是圣公会的首领，但不是长老会（Church of Scotland）的首领。由土地贵族演变而来的保守党如今代表了中产阶级的利益，英格兰的经济实力远超苏格兰，保守党受到众多英格兰人的欢迎。④

威斯敏斯特制度的弊端有违苏格兰人坚持的平等主义精神，党派偏好反映了苏格兰和英格兰的政治分歧，而试图走中间路线的新工党非但没有弥合阶级对立，反而在苏格兰丧失了选民基础，为民族党的崛起创造了机遇。

---

① MCPHERSON A. The reproduction of an ideology of egalitarianism in Scottish education since 1860 [J]. Integrated education, 1983, 21 (1-6): 235-252.

② 赵林. 加尔文的"两个国度"思想对西方宪政民主的深远影响 [J]. 求是学刊, 2012 (1): 29-36.

③ GRANT N. Cultural diversity and education in Scotland [J]. European journal of education, 1984, 19 (1): 53-63.

④ KEATING M, BLEIMAN D. Labour and Scottish Nationalism [M]. London and Basingstoke: The Macmillan Press, 1978: 81.

三、名人政治效应

病友俱乐部的罗伯特每次都带来三份报纸，冲一杯黑咖啡，坐在固定位置开始看时政和体育版，即使玩游戏也不时看看报纸，其他版面分给身边喜欢娱乐新闻的莫莉。本周一的俱乐部活动因为银行假日推迟了一天，还有两天就是苏格兰议会选举。然而三份苏格兰当地报纸没有太多有关选举的预测，支持退出欧盟的时任伦敦市长鲍里斯·约翰逊的照片占了大幅版面。

"选举根本没有悬念，民族党肯定还是多数党，斯特金肯定能连任。"罗伯特十分欣赏斯特金，"她是位实干的政治家，她了解普通人的需求。"罗伯特出生在圣安，父亲是盖尔人并会说盖尔语，母亲是波兰移民，但罗伯特不会盖尔语。罗伯特年逾古稀，早年曾是阿伯丁的渔民，回圣安后在东海岸从事养殖业，现在已经退休，他的儿子目前在苏格兰议会工作，而且也是斯特金的支持者。

"虽然独立公投时民族党领袖是萨尔蒙德，但斯特金作为萨尔蒙德的助手筹划了公投的细节，与各党派协商落实公投细节，她有实干才能，并且意志坚定。对我们独立派来说，独立公投不会有任何损失，如果成功了，那我们就实现了目标，如果失败了，卡梅伦承诺的进一步授权就可以实现。斯特金不是高高在上的政治精英，她代表了苏格兰的普通民众，说出我们的心声。"

我惊讶地看着罗伯特，这是我第一次遇到如此赞赏斯特金的人，莫莉在旁补充说斯特金在民意投票中是最受欢迎的苏格兰政治家。我看向民族党员菲利普，菲利普一言不发，我仔细回忆发现菲利普从来没有夸奖过斯特金。

斯特金十分聪明，她了解苏格兰对威斯敏斯特模式的不满，以批评威斯敏斯特模式为突破口，赢得人心，成为苏格兰民族主义的代言人，保证了民族党在地区选举中获胜组阁，随后凭借组阁政府的影响力宣传独立民族主义的思想。她家境普通，一直就读于公立学校，在格拉斯哥大学学习法律，练就了出色的口才和辩论能力，毕业后成为律师并走向政坛。斯特金的成功就是一部普通人的成功史，这远比卡梅伦等身世显赫的政治家更能打动人心，这就是名人政治的效应。

菲利普早年与各派政治人物共事的丰富经验赋予他敏锐的洞察力。"名人政治"一词从来描述的是两种政治宣传策略，一是政治家利用某些深受欢迎的"名人特色"和流行元素将自己塑造为某一群体或某项事业的代表；二是社会名流，例如影视人员凭借自身号召力表达政治意愿。①

根据《镜报》统计，2015 年斯特金在英国大选期间是社交网站Twitter 最受欢迎的政治家，② 地方新闻中也不乏斯特金造访高地因弗内斯与市民自拍的照片。斯特金利用社交媒体等流行元素塑造了本真性，名人政治策略将斯特金变为日常生活中与你我一样的普通人，破除了政策专家或某一阶级代表的固定形象。③ 斯特金塑造的良好形象，吸引了

① STREET J. Celebrity politicians：popular culture and political representation ［J］. The British journal of politics and international relations，2004，6（4）：435-590.

② SMITH M. Nicola Sturgeon most popular politician on Twitter during the election ［N/O］. Mirror，10 May，2015.

③ PENFOLDMOUNCE N. Politicians，celebrities and social media：A case of informalisation？［J］. Journal of youth studies，2016，20（2）：127-144.

选民对其他民族党候选人的支持，英国各级议会选举中，选民需从各地区候选人中选择地区代表，而非直接选举政党领袖。支持斯特金的选民为了保持其连任，必须支持所在选区的民族党议员，最终保证民族党组阁。如果选民对本地区候选人不满但支持党派领袖，就会陷入困境。

"我父亲会说盖尔语，但他在家很少说盖尔语，因为我母亲是波兰人。他曾教过我简单的拼读，但是我认为盖尔语没有用，因为周围邻居和朋友都说英语，就没有认真学，最后不了了之。现在我十分后悔自己没有好好学盖尔语，虽然有各种课程班，可是我现在身体不好，没有精力去上课。既然民族党的教育和文化政策重视盖尔文化的发展，而斯特金又信守承诺，比如她承诺过要改革苏格兰的土地制度，苏格兰政府的确公布了改革方案，我当然要支持她。"

名人政治虽然推动了罗伯特对斯特金的支持，但归根结底是独立民族主义符合罗伯特发展盖尔文化的愿望。

本章小结

在苏格兰民族主义盛行的社会环境下，盖尔人通过联合民族主义和独立民族主义两种观念表达了对盖尔文化发展方式的不同见解，包括语言在内的文化认同是盖尔人的凝聚力。联合派和反对派的认同以及对盖尔文化发展的期许嵌入苏格兰未来发展的框架中。

联合民族主义一直是主流思想，苏格兰是多元文化社会，联合派认为大不列颠认同是防止苏格兰陷入内部分化，防止群体间冲突的保障。盖尔氏族内部的矛盾、高地与低地的隔阂是难以忘却的历史记忆和教训，内部再次陷入分化是众多拥有离散经历的报道人坚决反对的情况。独立民族主义主要源于对威斯敏斯特模式弊端的不满，大卫等人希望盖尔文化能在民族党的领导下获得更好的发展机遇。虽然报道人政见存在分歧，但他们对共同的文化认同没有因分歧而改变。

第五章

欧盟与文化发展空间

第一节　盖尔人与欧洲大陆

6月的英国气温宜人，从公寓到学校，一路鲜花相伴。探出外墙的粉色蔷薇，树篱间隙探出的紫色风铃草，结出青色果实的山花楸，倒挂金钟的灯笼海棠，镇上的游客也多了起来，大学最古老的联合学院门口经常停满了旅游大巴，热闹非凡，一起升温的还有脱欧选情，欧盟旗出现在大街小巷，连私家车车牌都出现了12颗星星。

安妮家的临街玻璃上悬挂着一个长方形的小标牌，写着"支持欧盟"。"谁想离开欧盟呢？肯定不可能退出欧盟。我想不出任何离开欧盟的理由。欧盟为苏格兰提供了农业补助，而且也是苏格兰农业产品出口的重要市场。"安妮信心满满，"我们盖尔人历来与欧洲大陆关系密切，我们是凯尔特文化的继承者。"

一、凯尔特渊源

镇中心的书店派出了一张醒目的海报，是电视剧《古战场传奇》第二季的宣传预告。《古战场传奇》讲述了一位女护士穿越到高地盖尔人战场的故事，在苏格兰极受欢迎。

你看过《古战场传奇》吗？里面有许多盖尔人的神话传说，拍摄地也在高地。近些年，许多魔幻类小说和影视剧从盖尔或者说凯尔特信仰中获得了灵感。你看过《魔戒》吗？主题曲的演唱者女歌手恩雅的专长是创作凯尔特音乐。《梅林传奇》的魔法世界也完全构建在凯尔特德鲁伊特信仰基础上，毕竟亚瑟王虽然是英格兰君主，但他是凯尔特人。凯尔特女子合唱团在苏格兰是最受欢迎的民谣组合，她们的作品大部分都在讲述盖尔神话英雄和历史事件，就像古代的游吟诗人。

凯尔特人是欧洲原始社会晚期，由共同文化和传统凝合起来的松散民族集团。这种民族集团不完全等同于现代民族，现代民族是从古代民族集团演变分化而来。① 凯尔特人的主要分布范围西起爱尔兰岛，东至小亚细亚，北起德国北部，南至意大利波河流域。现在已经没有单一完整的凯尔特人，只有作为其后裔存在的爱尔兰人、盖尔人、威尔士人和布列塔尼人等。②

然而在 19 世纪，英国尤其是英格兰的政治家和部分学者将凯尔特

---

① 沈坚. 古凯尔特人初探［J］. 历史研究，1999（6）：103-116.
② MACCULLOCH J. The Religion of the Ancient Celts［M］. Auckland：Floating Press，2009：11-13.

人作为贬义词使用，与文明的盎格鲁撒克逊人相比，凯尔特人是愚昧落后的，并提出"凯尔特边缘"（Celtic fringe）一词代指苏格兰、威尔士和爱尔兰。① 19世纪的英国以英格兰为政治核心，"凯尔特边缘"不仅是地理边缘，而且是文化边缘，凯尔特是盎格鲁撒克逊人眼中的文化他者。

苏格兰高地与低地曾经有巨大的文化差异，低地主要以盎格鲁人为主，不属于凯尔特文化区。于是许多学者主张"凯尔特边缘"不应包括苏格兰低地，低地居民同属文明的盎格鲁撒克逊，以此与盖尔人划清界限。② 19世纪80年代西方学界建构了"雅利安人"的种族主义叙事模式。经过所谓的科学种族鉴定方法，英格兰人类学家约翰·博德（John Beddoe）宣称低地苏格兰属于条顿人，该观点在低地大受欢迎。③条顿人与盎格鲁撒克逊人同属日耳曼人的分支，意味着低地苏格兰人在种族和文化方面与英格兰更为接近，在雅利安人种族主义者的肆意鼓吹下，日耳曼是最纯正的雅利安人。尽管经过18世纪末到19世纪上半叶浪漫主义文学作家的努力，盖尔氏族精神和服饰、音乐等已经变为苏格兰文化的标志之一，然而在种族主义横行的时代，高地盖尔人被视为落后种族，注定要灭绝。

如今的凯尔特文化艺术风潮起源于20世纪70年代西方世界兴起的新时代运动（New Age Movement），新时代运动"前身是资本主义社会

---

① KIDD C. Race, empire, and the limits of nineteenth-century Scottish nationhood [J]. The historical journal, 2003, 46 (4): 873—892.

② MARQUIS OF SALISBURY. Mr. Parnell and the Irish Question (Conservative Central Office, 1890) [R]: 9—12. Retrieved from Oxford English Dictionary, 1026.

③ KIDD C. Teutonist ethnology and Scottish nationalist inhibition, 1780—1880 [J]. The Scottish historical review, 1995, 74 (197): 45-68.

内部具有反文化性质的嬉皮士运动，如今成为对抗物质主义的，超越种族和国界，复古东方世界和原始宗教的精神觉醒运动和泛生态运动，试图在基督教信仰之外重新找回人类与宇宙自然的精神和谐状态。"①

浪漫主义文学作家关注的是自基督教信仰确立后形成的盖尔文化习俗，但当代凯尔特文化潮流关注的是前基督时代的德鲁伊特信仰。凯尔特文化曾经广泛分布于西欧地区，当今欧洲大陆许多国家，尤其是德国、法国、意大利和西班牙每年都会举行各种凯尔特节文化庆祝活动，与苏格兰源自高地的除夕夜庆祝活动有异曲同工之妙。因为盖尔移民的关系，北美地区也不乏凯尔特节日，尤其是盖尔人聚集地加拿大新斯科舍省，其凯尔特文化节已经具备国际规格。

当今盖尔文化的底色依然是基督教，但凯尔特渊源和当今潮流为盖尔文化认同提供了一个超越联合王国的欧洲空间。民族起源和文化相似性是重要的认同力量，苏格兰和英格兰都需要欧洲经济市场，但在凯尔特渊源的影响下，盖尔报道人与欧洲大陆的联系多了更多文化想象的空间。

二、挪威经验

经过西海岸的高尔夫老球场，那里一改冬日的萧条，球场附近的街道停满了旅行车和私家车，不时有游客背着高尔夫球袋到球场一展身手。老球场是开放式的，与西海岸沙滩仅相隔一条马路。偶尔银鸥落在球场上，双足交换踩着草地，希望找出虫子。如果不喜爱高尔夫，游客

---

① 叶舒宪. 现代性危机与文化寻根［M］. 济南：山东教育出版社，2009：34.

可以沿着栈道参观西区的古老建筑。安妮最近不时跟我提起她的毕业设计和工作计划，圣安硕士研究生的在读时间为 18 个月，最后 6 个月写论文，11 月毕业。如果想申请博士研究生，需要读满 2 年。

"旅游业每年都吸引了大量欧洲游客，高地旅游业提高了盖尔文化的知名度，各种氏族联合会也受益于它。如果退出欧盟，欧洲游客可能会选择其他国家消夏，文化和旅游产业受挫，盖尔文化发展也会受到影响。英格兰和欧盟大陆是苏格兰最重要的出口市场，无论苏格兰是独立还是被迫退出欧盟，经济都会受到影响，这对我的就业会产生影响，万一退出欧盟，我可能会失去到大陆工作的机会。"

安妮精通法语，除了英国境内，她还往法国的公司投送了几份简历。曾经支持苏格兰独立的报道人大卫、米诺等人也反对退出欧盟。大卫的最新著作出版了，在镇里的书店举行一个小型签售会。书的内容与高地景点和当地的盖尔民谣、神话传说相关，大卫送我一本书作为我帮他校审诗歌翻译会材料的答谢礼物。签售会结束，大卫跟我聊起欧盟的重要性。

"如果苏格兰独立，欧盟可以为我们提供安全保障和经济市场。苏格兰跟挪威有许多相似之处，面积不大，人口少，有丰富的自然资源和能源，苏格兰也有民主社会主义的特点。我认为可以参考挪威的发展模式，况且我们苏格兰不仅依靠农业和能源产业，文化产业也迅猛发展。你知道萨米人吗？我认为今后高地盖尔人的权益保护也可以参照萨米人的案例。苏格兰的土地所有权集中在少数人手中，克罗夫特耕种制度如今基本消失了，在我们刘易斯岛，土地正逐渐出售给外来修建度假村的投资商，岛上的克罗夫特社区基本是按照氏族划分的，传统的盖尔克罗夫特社区正在不断被挤压。"

苏格兰的土地矛盾在于绝大多数土地掌握在少数人手中，土地所有者对租赁期约拥有绝对控制权。根据 2015—2016 年统计数据，苏格兰全境有 15056 名传统克罗夫特耕种者，而其中只有 5514 人拥有自己的土地。高地包括西部诸岛有 6400 名耕种者，土地拥有者仅为 3505 人。① 另有统计显示苏格兰人口的 0.025% 掌握着苏格兰⅔的土地，只有 10% 为克罗夫特耕种者实际所有。②

克罗夫特社区的生活方式是现代都市生活的镜子，虽然现代的氏族关系与传统氏族关系有本质不同，但作为传统耕种方式及共同体生活方式依然是岛上盖尔文化认同的组成部分。挪威萨米人的权利保护从原住民运动发展到国家立法阶段，"2005 年制定的《芬马克法》规定萨米人对芬马克地区土地和水资源的长期使用，已使他们自然地获得了这些资源的所有权"③。

盖尔人的土地保护也经历了相似的发展经历。高地农业化开展至 19 世纪 70 年代时，土地兼并情况十分严重，1880 年高地土地协会成立，宗旨是废止严重剥削克罗夫特耕种者的土地契约。1886 年英国政府出台了《克罗夫特土地法》保障佃户权利，但形同虚设收效甚微，英国政府派军队镇压了个别地区的抗议活动。直至 1999 年苏格兰议会恢复后，苏格兰政府 2000 年在约翰·希维尔的提议下制定了《2003 土

① Scotland Government. Crofting Commission. 2015—2016 Crofting Figures.

② 党国英. 苏格兰的土地改革及其对中国的借鉴意义［J］. 中国农村观察，2004 (4)：67-79.

③ 奥斯·考乐斯. 近三十年来挪威萨米人身份地位的变化［J］. 谢元媛，译. 世界民族，2010 (3)：81-90.

地法案》，废除了自 11 世纪延续至 2000 年的封建土地法。2016 年 4 月
苏格兰议会通过新版《土地法案》，旨在防止土地所有者恶意解约，并
设立苏格兰土地基金，拨款 1000 万英镑用来支援克罗夫特社区赎买氏
族土地。① 此外在语言保护方面，盖尔人与萨米人同样获得了立法
保护。

大卫所说的参考挪威发展模式还有一丝未尽之意。2014 年苏格兰
民族党领袖萨尔蒙德通过比较挪威与苏格兰的相似之处，主张学习挪威
能源经济发展模式，北海油田的收入全归苏格兰所有后，苏格兰将成为
世界第六富有的国家。② 然而 2015 年国际油价大跌暴露了能源经济的
脆弱性。经济领域一直是苏格兰联合和独立民族主义者交锋的核心议
题，平等主义精神与福利国家传统使苏格兰与北欧国家具有相似性，虽
然石油经济的设想难以实现，但挪威萨米人权利保护的经验为盖尔人提
供了参考。

三、小语种，大舞台

"哦，到底有完没完，这些结果预测不过是各说各话罢了。"

期末考试将至，图书馆一座难求，自动打印机前也排起了长队。朱
莉最近有点烦躁，她已经厌倦了媒体公布的各种脱欧民意调查。3 天前
留欧派工党议员乔·考克斯遇刺案引起一片舆论哗然，6 月 19 日英国

---

① UK Government. Land Reform（Scotland）Act 2016.
② CARRELL S. Alex Salmond criticsed over north sea oil claims［N/O］. The Guardian, 23 July, 2013.

独立电台公布的民意调查显示暴力谋杀案促使更多人支持欧盟。① 朱莉跟安妮、大卫一样都是欧盟的支持者。

"蜷缩在海峡一边，孤立在欧盟市场之外，更加依赖美国。哦，得了吧，光荣孤立那一套已经不管用了！退出欧盟对我们盖尔人没有好处。欧盟将盖尔语列为濒危语言，出台了保护政策，盖尔语是欧盟工作语言之一，我们可以用盖尔语与欧盟进行文件往来，在唐宁街只有英语是工作语言。盖尔语是小语种，但留在欧盟我们有个大舞台。"

1992 年欧盟委员会制定了《欧洲地区与少数民族语言宪章》（*European Charter for Region or Minority Languages*），宪章建议成员国列举本国除移民语言之外的地区或少数民族语言，并承诺尊重少数民族语言的文化价值、鼓励支持少数民族语言的使用，禁止语言歧视。② 英国列举了包括盖尔语、威尔士语、康沃尔语、苏格兰语等在内的六种语言。2009 年，英国驻欧盟大使吉姆·达洛赫和苏格兰欧盟委员长唐纳德·哈德森与欧盟签订谅解备忘录，将盖尔语列为欧盟工作语言，欧盟将聘请盖尔语翻译人员。苏格兰代表在欧盟会议中可直接使用盖尔语发言，并提交相应文件。

"如果退出欧盟，就意味着盖尔语失去了欧盟制度层次的保障，我们不仅无望成为英国政府工作语言，还会失去欧盟为语言保护提供的资金援助。只有……"朱莉终于等到一个空位，如饿虎扑食般冲了过去，"只有留在文化更加多元，对各民族文化一视同仁的欧盟才能为盖尔语提供更多发展契机。"

---

① Poll carried out after death of Jo Cox puts remain ahead［N/O］. ITV，19 June 2016.

② Regjeringen. European Charter for Regional or Minority Languages.

欧盟成立之初虽然以经济共同体为基础，但是超国家共同体的建立不仅依赖经济合作，还需要理念层面的认同，其制定的文化政策必须符合欧盟国家文化多样性的现实。1992 年欧盟建立的基础条约《马斯特里赫特条约》第 128 条第一款规定保护民族和地区文化多样性，《马斯特里赫特条约》作为纲领性文件约束成员国政府，督促落实条约规定需要各国政府制定相关的法律和政策，例如英国以权力下放的形式授予地方管理文化教育事业的权利。尊重多样性的理念指导与各国政府的具体规定共同形成了欧洲文化政策多样性中伴有统一性的特点。①

语言是文化认同的纽带，提升语言层次是盖尔人在定位探索文化发展空间的尝试。从圣安小镇到广阔的欧盟，盖尔文化认同与欧盟共同体认同达成了共识。

但是，朱莉认为在英国政府层面盖尔语没有得到重视的说法未免有失公允。首先，苏格兰只是英国的一个地区，虽然英国驻欧盟议员中包含苏格兰代表，但最终是英国政府作为代表签署各项文化协议。前文所提的《欧洲地区与少数民族语言宪章》《马斯特里赫特条约》和谅解备忘录都需经英国驻欧盟大使签署后方能生效。其次，如果说条约、法律和制度规定是文化政策的硬性规定，那么各种文化活动就可以成为隐性规定。由英国政府拨款的英国广播公司（BBC）自 2008 年开设了盖尔语电视和广播频道，24 小时以盖尔语直播新闻并播放各种娱乐节目，2014—2016 年英国政府拨款 200 万英镑用来支持盖尔语频道的发展。② 最后，

---

① 曹德明，唐桂馨. 欧盟文化政策的核心：多样性中的统一性 ［J］. 国际观察，2014（4）：120-132.

② UK Government. Additional & 1 Million for MG ALBA Announced by Government.

英国政府承认的六种地区和少数民族语言带有明显的地区分布特征，权力下放后，地方政府和官员因地制宜制定语言政策能够提高政府效率。

"我希望今后的英国依然是一个具有包容性的国家，只有尊重文化多样性，我们盖尔文化才能有一席之地。鲍里斯·约翰逊和奈杰尔·法拉奇那伙儿投机政客天天鼓吹'联合王国权利''夺回权利'之类的口号虚伪极了，等他们学会跟美国说不，再来谈夺回权利吧。"

每张桌子上都放着一份校报，可以随便拿走，或者到图书馆入口免费领取。报纸的头版就是卡梅伦和约翰逊的照片，朱莉用笔把约翰逊的脸涂黑了。

投票前几天，一些学生团体自制传单站在图书馆门口发放，尤其是欧洲大陆的学生联合会更加积极地宣传欧盟对学生的重要性。除英国人外，欧盟留学生是最关注脱欧动向的群体了。最近多家媒体民意调查的结果显示脱欧派领先，然而差距不大，大卫、安妮等人也丝毫不担心，房东丽琪宣称任何有理智的人都不会离开欧盟，至今为止我没有在同学和朋友间听到有人希望退出欧盟。然而结果来得总是猝不及防。

第二节　南北隔阂

2015 年 6 月 23 日上午，学生依然匆匆赶去考试，店主换上营业中的牌子，上班族西装革履地走进镇中心的银行、保险公司和售楼中介，一切似乎与往日一样，除了路线做了少许更改。丽琪进了投票大厅，我在外面等她，投票点门口没有想象的两派对峙，外面的草地上插着一块支持欧盟的木牌，树干上贴着两张宣传单，一张是支持欧盟，旁边一张是归还权力。

投票时间截止到晚上10：00，我跟室友按照惯例，晚上8：00在客厅聊天吃饭。来自格拉斯哥的夏洛特是学校音乐团的小提琴手，经常演奏几首通俗乐曲。今天电视破例调到新闻频道，平时大家只看脱口秀和连续剧。尼克来自苏格兰北部城市阿伯丁，经常跟我们说起阿伯丁地区和圣安的口音差异，我和来自法国的保罗不时聊聊我们眼中英国特别的习俗。

电视镜头在各个大城市的投票点间切换，BBC在伦敦某一投票点大厅放了两个透明箱子，并准备了一大筐网球。愿意参加的选民可以拿着网球投进代表同意或反对的透明箱子中，目前两个箱子里网球数量旗鼓相当。截止时间一到，停止投票，BBC直播也撤走了两个箱子。我们几个轻松地关了电视，尼克和夏洛特毫不担心英国会退出欧盟，大家一夜安眠。

第二天一早我还在自己房间，听到夏洛特和尼克略带愤怒的谈话声，我跑出去担心他们吵架，还没进厨房，就看见夏洛特阴沉的脸色，抛出四个字："我们完了"。

我一头雾水地看看尼克。"你看新闻没有，我们脱欧了，我们竟然脱欧了！真是可笑。"尼克给我看看手机，代表退出欧盟的红色线条超过了代表支持欧盟的蓝色线条，脱欧已成定局。

走廊传来保罗的关门声，我们一起看向厨房门口，保罗大步流星走来，一脸不可置信，尼克只挤出一句："至少还有两年才能正式退出欧盟，总会有保护学生权利的规定。"尼克希望到德国读研究生。

"但愿如此，我还有三年才能毕业。"保罗看起来希望立刻毕业回法国。

"那些英格兰人到底在想什么？真令人头疼，他们又赢了。"夏洛特的抱怨让我想起班里来自英格兰东北部城市纽卡斯尔的同学康纳。

苏格兰议会选举时期，康纳看着斯特金的宣传单，坦言自己讨厌斯特金。

"我不明白为什么苏格兰人要举行独立公投，他们有地方议会管理地区事务，也有派往威斯敏斯特的议会代表。"

距离独立公投已经过去了一年半，康纳依然声称自己不理解苏格兰公投的原因，而夏洛特则不解英格兰为何要退出欧盟，而他们二人恰恰一个反对苏格兰独立，另一个反对退出欧盟，政治立场最接近的人的偏见却如此之深，南与北的隔阂在两次公投中展现得淋漓尽致。

一、西洛锡安问题

"苏格兰有议会，威尔士和北爱尔兰都有国民大会（National Assembly），英格兰为什么不能有地区议会呢？最令人奇怪的是伦敦竟然也有代表大会（London Assembly），而我们英格兰北部似乎变成了边缘地区，特威德河以北的苏格兰享有各种福利制度，而一河之隔的我们却要交各种学费和医疗费。"

康纳的烦恼是 2014 年独立公投后，英国政治体系改革面临的主要问题之一。有关是否建立英格兰议会的讨论，远早于卡梅伦"英格兰人制定英格兰法律"的论断。1977 年，威斯敏斯特议会在工党政府领导下开始探讨如何授予苏格兰和威尔士地区一部分行政权力，此时苏格兰西洛锡安地区的议员泰姆·戴利耶尔提出著名的西洛锡安问题：如果权力下放后，苏格兰、威尔士和北爱尔兰的议员依然有权决定英格兰地方事务，而英格兰议员无权干涉其余地区的地方管理，那么英格兰人又能容忍多久呢？①

撒切尔执政时代激化了苏格兰工人阶级对唐宁街政府和威斯敏斯特模式的不满，布莱尔秉持务实原则推动了权力下放，虽然效果显著，但是权力下放的过程却是一个碎片化、不对等的过程。从 2004 年到 2014 年，英格兰人对西洛锡安问题的态度也出现了转折。

布莱尔政府曾尝试在英格兰地区推行权力下放以解决西洛锡安问题。2000 年伦敦大会成立，代表由大伦敦区②的居民直接选举产生，有权处理大伦敦区交通、治安和环境问题，并向市长提供有关财政支出的意见。2003 年，布莱尔希望推广伦敦大会模式，并出台《地方代表大会预案》，计划在北英格兰地区举行三场公投，以决定是否在东北英格兰、西北英格兰和约克郡建立代表大会。2004 年，第一场公投在东北英格兰举行，78% 的居民强烈反对成立代表大会，另外两场公投也随之取消，英格兰地区权力下放进程暂时搁置。

十年之后，英格兰人的态度产生了变化，曾作为保守党领袖的北英格兰约克郡议员威廉·海格积极响应卡梅伦"英格兰人制定英格兰法律"的提议。但是碎片化和不对等特点使议会向英格兰地区授权变得十分复杂。首先，苏格兰、威尔士和北爱尔兰享有不同等级的地方权

①　WILSON G. The English question：why English votes are not the answer and the better alternatives lack force ［J］. Liverpool law review，2015，36（3）：257-276.

②　大伦敦区包括伦敦市及周围 32 个伦敦自治市。

力，苏格兰议会具有立法和调整税率的权力，而威尔士和北爱尔兰国民大会则无此权力，而英格兰地方自主权属于哪一种尚未有定论。其次，伦敦代表大会为授权英格兰提供了不同于其他三区的方案，"但是对于远离伦敦的地区，特别是北英格兰，如何保障获得更多关注?"①

与东南英格兰相比，北英格兰与苏格兰的经济结构更为相似，曾经也是传统重工业中心，造船、煤矿、金属冶炼是其核心产业。重工业自20世纪60年代衰落后，北英格兰地区在地理位置、经济发展水平和人口方面与伦敦相比都是边缘地区，正如高地与爱丁堡的边缘—中心对比。"北英格兰作为边缘地区，如果没有机构，仅依靠议员为该地区发声，那地区问题容易被唐宁街忽略。"② 南与北的隔阂不仅是苏格兰与英格兰的矛盾，也是北部英格兰与东南英格兰的差异。

英国政治学家詹姆斯·米歇尔将权力下放称为一项正在进行的事业，而不是结果，权力下放将改变英国政体。③ 1999年以前，有关英国政体的研究基础是19世纪辉格党提出的单一制政体，议会主权且享有最高权力，任何机构不得凌驾于议会之上。而最近随着权力下放的推行，出现了对英国政体的新阐释，"学界认为如果英格兰获得授权，那么英国最终会转变为联盟国家（union state），即各组成部分以条约的方式联合组成国家"。④ 单一制理论难以阐释自1707年联合之初，苏格兰

① BOGDANOR V. The west Lothian question [J]. Parliamentary affairs, 2010, 63 (1): 157-172.
② ELCOCK H. Multi-level governance and peripheral places: the north-east of England [J]. Local economy, 2014, 29 (4): 323-333.
③ MITCHELL J. Devolution's unfinished business [J]. The political quarterly, 2006, 77 (4): 465-474.
④ KEATING M. Reforging the union: devolution and constitutional change in the United Kingdom [J]. Publius, 1998, 28 (1): 217-234.

保留的立法权力，也无法为现在的权力下放进程提供依据，而联盟理论是各地区获得授权、威斯敏斯特模式改革的政体理论调适。

与 19 世纪后半叶兴起的爱尔兰、苏格兰和威尔士地方自主运动相比，英格兰自主是 1999 年后的新兴现象，脱欧公投前后，英国知名报刊社论①频繁使用"英格兰民族主义"和"英格兰性"（Englishness）一词，将脱欧与英格兰民族主义联系在一起。

二、英格兰民族主义

尽管脱欧的结果与大部分苏格兰人的意愿相反，但圣安的街道小巷依然如平日般平静，至少表面上没有任何差异。杰拉德和大卫在办公室等我和其他参加诗歌翻译会的同学，杰拉德将向两位美国学者分享诗歌会的经验，而其中一位先生的祖父来自苏格兰高地。

杰拉德和大卫站在高高的室外台阶上，高处飘来他们的问候声，我迫不及待地想听听他们对今早脱欧结果的看法，我刚跑上楼梯，还未开口，大卫脱口而出："你看新闻了吗？我十分生气。"杰拉德也连称结果不公。

经验分享会只有一个小时，我注意到大卫和其他几位同学的心不在焉，会议一结束，大家不约而同到咖啡馆聊天。第一家推开门没有往日的悠闲和安静，人声鼎沸，客满无座。我们走到第二家才找到分散的空

---

① 详见 "Brexit is Being Driven by English Nationalism and It will End in Self-rule", issued by the Guardian；"Who Will Speak for England?" issued by Daily Mail；"Brexit Gives England the Chance of a Fairer Deal" issued by the Times；"A Less than United Kingdom", issued by BBC。

位，咖啡和甜点的香气也难以掩盖咖啡馆里略显焦躁的气氛，门外平静如昔，门内暗潮汹涌。

"英格兰人当然有权要求管理地方事务，我理解并且支持他们建立代表大会或者议会的要求，这样才公平。可是脱欧公投并不是表达地方自主的场合，令我担心的是坚持孤立主义和强调英格兰认同的人恰恰是支持退出欧盟的选民，这直接压缩了我们盖尔文化的空间，坚定了我要求苏格兰独立的决心。"大卫率先一吐为快。

杰拉德自动接上，"英国独立党虽然以英国为名，但实质是英格兰政党，法拉奇在各个场合总是挥舞圣乔治旗，独立党的网站也公开宣称法拉奇代表英格兰的声音。如果他真是代表英格兰希望获得一定地方事务管理权，那我没意见。但法拉奇本人说过他从伦敦到肯特没有听到多少英格兰口音，令他感到很难受，这就让我担心了。他是不是有反苏格兰情绪？我不谦虚地说盖尔文化现在是苏格兰的标志，那我们盖尔人是不是也是他反对的对象？如果是他个人行为，那不足为虑，但他又是脱欧的领导人，追求地方自主权的正常需求被他捆绑在脱欧公投上，结果加深了我们与英格兰人的矛盾。现在变成退出欧盟就是英格兰获得地方管理权的前奏，而我们反对退出，似乎变成反对英格兰人拥有正当权利。这个结果令我感到很不安。"

卡迪夫大学一项研究调查支持了大卫和杰拉德的观点，调查显示支持威斯敏斯特议会授予英格兰一定地方自主权的选民正是要求退出欧盟的选民。① 英格兰民族主义曾经是一个较少被关注的问题，因为"英格兰和大不列颠经常是互相替换的，尽管这种混用经常引起非英格兰大不列颠人的反感"。② 英格兰民族主义是一个谜题，因为它不是要求民族与政治单位统一的政治原则。恰恰相反，它脱胎于帝国时代，强调一种爱国式的帝国民族主义。③ 英格兰的统一源自玫瑰战争之后，封建领主的力量极大削弱，都铎王朝亨利七世（1457—1509）借机统一英格兰，依赖士绅阶层支持巩固王权，因此英格兰民族主义也不是现代民族国家完成统一的意识形态运动。

英格兰民族主义是当前威斯敏斯特模式改革情况下，英格兰人希望获得议会授权、管理部分地方事务的政治要求，融合了部分欧洲怀疑主义（Euroscepticism）和尊重王权的思想。但是当下法拉奇倡导的英格兰民族主义是小英格兰（Little England）视角，"即将目光由世界转而向内，脱离欧盟，反对移民，甚至有导致种族主义的危险"。④ 小英格兰视角与联合王国文化多样性的现状和英联邦强调的世界主义观点是背道而驰的。

世界主义视角强调包容性，尊重当下英格兰民族和文化的多样性，

① SCULLY R, JONES W. England and Its Two Unions [R/OL], Cardiff University, July 08, 2013. https：//www. ippr. org/publications/england-and-its-two-unions-the-anatomy-of-a-nation-and-its-discontents.

② PEATLING G. Home rule for England, English nationalism, and Edwardian debates about constitutional reform [J]. A quarterly journal concerned with British studies, 2003, 35 (1)：71-90.

③ KUMAR K. Nation and empire：English and British national identity in comparative perspective [J]. Theory and society, 2000, 29 (5)：575-608.

④ BRYANT C. English identities and interests and the governance of Britain [J]. Parliament affairs, 2010, 63 (2)：250-265.

并承认文化多样性对英格兰发展的贡献。除了英格兰之外，世界主义也适用于英国全境和英联邦地区。在法拉奇、约翰逊等人的宣传下，小英格兰视角与英格兰人要求获得授权的需求结合起来，将原本具有外向视角的英格兰扭转为内向视角，退出欧盟的结果在小英格兰视角笼罩下，难以摆脱光荣孤立的情绪。收缩的视角和空间对盖尔人造成了压力，尽管高达67.2%的苏格兰人反对退出欧盟，但是英国是作为整体决定退出欧盟，英格兰视角的缩小依然扩展为英国全境格局的收缩。大不列颠认同应当是具有空间性的理念，不应过度强调某一种文化，格局收缩加剧了南北隔阂和内部紧张。

"我猜法拉奇没想过真能退出欧盟，他只不过趁机为独立党谋利罢了。现在捅了篓子，立刻辞职了，约翰逊也退出首相竞选。"几天之后我遇到朱莉，她不遗余力地嘲讽法拉奇和约翰逊。

尽管苏格兰第一大臣斯特金也称"英国如果硬脱欧（hard Brexit），将再次举行苏格兰独立公投"。① 政治经验丰富的菲利普认为斯特金近期不会举行独立公投，"距离上次独立公投时间不足两年，两年之后才知道英国政府与欧盟协商的结果，频繁公投只会引起苏格兰人的厌倦。当务之急是尽可能保障苏格兰在欧盟的利益。苏格兰民族党有盖尔人议员阿拉斯戴尔·艾伦，不知道他能不能跟选区内有盖尔人聚居区的代表，比如高地的玛丽·托德、斯凯岛的凯特·福布斯合作，直接搭建盖尔文化与欧盟的交流平台。与这些相比还有一个更紧迫的任务，圣安德鲁斯大学能否保证来自欧盟的资金支持和生源。"

---

① Sturgeon Says Second Referendum undoubtedly closer［N/O］. BBC, 17 January 2017.

三、校长的一封信

相较其他居民，圣安的欧盟留学生是最紧张不安的群体，保罗受到最直接的冲击，生源减少影响的不仅是大学，依赖大学的圣安小镇也受到了影响。公投结果公布三天后，我在邮箱里发现一封校长萨丽·迈普斯通写给全校师生的公告函。校长在信中写明全校有 22% 的教工和 31% 的学生来自欧盟地区，过去五年 21% 的研究资金来自欧盟。校长保证将与苏格兰其他大学联合，敦促英国政府保证欧盟师生的利益。公告函发出的第二天，圣安大学成立由副校长盖瑞·泰勒领导的脱欧工作组，其中包括专门负责欧洲研究基金立项的负责人。大卫尤为关心欧洲研究基金项目，因为他正计划申请一项欧盟资助的语言研究项目，用来收集研究刘易斯岛的歌谣和传说，合作者是来自欧盟地区的凯尔特文化研究专家。遗憾的是，工作小组发现不仅在圣安，乃至英国全境的高等学府都出现了研究计划偏向性引导，一些学者发现合作伙伴如果是欧盟院校，申请研究资金的难度增大。目前工作小组正在收集证据。①

"研究计划申请部门建议我考虑其他资金来源，问题是我们是一个有关凯尔特文化的研究项目，我只是负责盖尔语民谣部分，如果申请国内的项目资金，还是有难度。"大卫的问题有点棘手，菲利普则劝大卫不必焦躁，毕竟大卫的合作研究员多来自欧盟。

尽管退出欧盟对大学的许多师生造成了影响，但是焦虑与不安是私

---

① University of St Andrews. Statements made by Brexit action group in the university of St Andrews.

下亲朋好友之间的话题，无论对结果如何不满，圣安的公共场合依然秩序井然。"与其要求二次公投，不如仔细考虑今后的发展计划。我没有参加网上的请愿活动，而是继续投送简历，我们至少还有两年才退出欧盟，足够我在欧盟找一份实习工作，积攒工作经验了，而且说不定英国政府能跟欧盟协商出一份不错的方案呢。"安妮在短暂的失望后，立刻调整态度，按部就班地写论文找工作。

"既然这是公投的结果，那我们就要接受，二次公投没有意义，会影响今后公投的公信力。也许有些人只是为了表达对卡梅伦的不满而选择退出欧盟，但每个人都应该为自己的选择负责。我们现在能做的是希望学校与政府合作，尽可能减少退出欧盟造成的损失，而不是推翻公投结果。即使在圣安也有人支持退出欧盟，圣安是我们的家，兄弟姐妹会吵架，但没有必要拆房子。"几天之后朱莉的情绪平复了许多。

圣安小镇是朱莉眼中超越个体家庭的"家"，家不仅是物理存在，更是精神存在。家是共同记忆的载体，其首要任务是确保团结来维护空间内的集体利益。① 家园的维护不仅需要法律保障，还需要成员面对分歧时采用高效的自我管理方式管控分歧并应对难题。圣安小镇不是一个同质社区，公投只是来自不同背景的个体在特定时间，心怀尊重，聚集到一起做出了某种选择，这种选择是个体自我实现的方式。② 尊重不仅是对他人选择的尊重，而且是对家的维护。因为心怀尊重，所以彼此容忍。私人空间是情绪宣泄的场所，公共空间代表了秩序以及理性应对脱

① DOUGLAS M. The idea of a home: a kind of space [J]. Social research, 1991, 58 (1): 287-307.
② RAPPORT N. Anyone, the Cosmopolitan Subject for Anthropology [M]. Oxford: Berghahn, 2012: 58.

欧问题的协作。尽管圣安盖尔人感受到文化空间缩小的压力，教职员工的研究可能受到波及，但他们依然尊重他人选择的权利，接受公投结果。"如果文化空间缩小了，我们就努力重新开辟新空间。我们能从高地走向世界，也能应对脱欧影响。"朱莉恢复了往日的自信。

2020 年 12 月底，英国与欧盟终于达成了脱欧协议，支持学生两地交换的伊拉斯姆斯（Erasmus+）的留学项目得以保留，然而其他的科研合作项目却依然前途未卜。

本章小结

盖尔人作为凯尔特人的一支与欧洲大陆有天然的民族和文化联系。尽管凯尔特人在种族主义横行的时代被称为劣等民族，但现今，凯尔特文化已经成为西方以寻根的方式反思现代性的文化和精神依托。除了民族和文化相似性，苏格兰与北欧国家尤其是挪威具有相似性，部分报道人认为盖尔人如同挪威的原住民萨米人，挪威的发展模式以及萨米人权益保护为盖尔人提供了参考。欧盟不仅提供了更加广阔的市场和经济补贴，而且出台了一系列尊重保护文化多样性的政策。盖尔语如今虽然是小语种，但属于欧盟保护语言，也是工作语言，盖尔语在超国家层次的欧盟获得了更大的发挥空间。综上所述，盖尔文化发展空间构建在欧盟体系之内。

然而脱欧公投的结果再次暴露了苏格兰和英格兰以及英格兰内部的隔阂和认同差异。英国权力下放是一个碎片化的过程，西洛锡安问题长期困扰威斯敏斯特模式改革，英格兰民族主义的兴起实质是争取中央政府授权的要求。在法拉奇等人的引导下，脱欧公投变成要求获得一定地方自主权的情感表达。盖尔报道人尊重英格兰人要求授权的愿望，但是担心小英格兰视角将引发排外情绪，压缩盖尔文化的发展空间。尽管公投的结果令许多报道人失望，但是圣安小镇的公共空间依然秩序井然，报道人尊重他人的选择，努力应对退出欧盟引发的问题，维护家园秩序。

结论与反思

第一节　塑造文化认同

文化认同的生产是重新阐释传统的过程，每一次阐释和展演都是赋予传统新内涵的实践。氏族制度以及氏族战争已经成为历史，当今盖尔人对氏族关系的展演不单单是对历史的模仿，而是为了加强其文化的特殊性。氏族联合会、自下而上编写的族谱、娱乐活动中的氏族仪式等模仿行为的来源虽然是"正规"族谱和氏族传记，但模仿不同于正史记录的氏族行为。模仿对氏族文化的阐释充满了异质性和多样性，在差异中创造适应当今社会的文化认同。如果将盖瑞对重大历史事件的叙述看作一种新文本，那么新文本就是反还原的，隐藏或淡化了某些内容以符合实际需要。盖瑞每年对新生的讲述都使新的意义成为可能，也可能随着学生们的提问而产生新语境，在开放的语境下，不断完善或产生新型的氏族关系。

文化认同的生产是一个精心挑选象征文化符号的过程。服饰、英雄人物自浪漫主义文学运动时期就得到关注，尽管其所指已经产生变化。例如"氏族"一词，其能指没有改变，所指却从以血亲为基础的组织形式过渡到当今个人通过自愿原则与他人构建的文化联系方式。有时，能指的演变不能即刻为人所接受，存在时间延迟，例如穿格子裙的华莱士塑像，被野草覆盖了200多年后才机缘巧合为人所重新接受，德里达将这种包含了时间延迟的差异称为延异。①

文化认同需要在两个或两个以上主体间的比较中形成，认同建立在差异的基础上，目的是获得他者的承认。文化差异有时会引起矛盾，文化甚至不再是解决政治争端的一种途径，而是政治冲突辞典本身的组成部分。② 调和或者有效地将矛盾控制在某一程度内需要政策保障。苏格兰地区政府出台的《2005 盖尔语法案》、英国政府对 BBC 盖尔语频道的财政支持等措施在政府官方层面承认了盖尔文化的重要性，在日常生活中，盖尔人通过教育、医疗制度生产文化认同。病友俱乐部、翻译会的发起人虽然是盖尔人，但依然是与他者互动的交流活动，无论是诗歌文化交流，还是社区信息的交换以及互助都不仅限于盖尔人之间。文化认同是一个双向活动，"没有他人的认可，我们不可能拥有我们想要的认同，我们依赖于他人如何看待我们"。③

英国是一个阶级差别鲜明的国家，工人阶级和中产阶级不仅在经济收入方面存在差距，文化和生活方式也有差别。撒切尔主义加剧了社会

---

① 雅克·德里达. 延异［J］. 张弘，译. 哲学译丛，1993（3）：42-51.

② 特瑞·伊格尔顿. 文化的观念［M］. 方杰，译. 南京：南京大学出版社，2003：44.

③ G. 希尔贝克，N. 伊耶. 西方哲学史：从古希腊到二十世纪［M］. 童世骏，等译. 上海：上海译文出版社，2012：709.

关系的不平等，破坏了苏格兰地区长久以来坚持的平等主义原则，与大卫等人提倡的共同体互助精神也背道而驰。当阶级和民族或族群文化差异汇聚在一起时，改革是修补撒切尔时代裂痕的手段之一，英国政府选择恢复地方议会并授予其部分管理当地事务的权力，以推动威斯敏斯特模式的改革。尽管具有相同文化编码的报道人普遍希望盖尔文化得到进一步认可，但对文化发展前景和发展方式却存在分歧，这种分歧反映在独立公投中，在尊重文化多样性的基础上增强沟通是处理南北分歧的基础。

西方自由主义政治哲学存在一个基本分歧，即平等究竟应建立在普同性还是差异性的基础上。① 普同性观点强调平等是指人人享有普遍性的、无差别的权利②，但威斯敏斯特模式暴露出西方以个体为本位的普遍主义政治哲学的弊端，包括盖尔人在内的苏格兰人、威尔士人和北爱尔兰人作为少数群体，有时在议会尤其是下议院的表决中遭到忽略。当普遍性的个体普遍权利无法公正地保障少数群体权益时，强调差异性的群体权利提供了另一种思考维度，群体权利依然属于西方自由主义政治思想范畴。人们生活在特定的文化环境下，"特定的文化形式，例如传统、实践、语言等，是社会存在的重要组成部分"③，人们依据文化认同做出选择。建立在承认差异基础上的群体权利将文化群体视为单位，各种文化的价值是平等的，文化群体单位之间的对话有利于弥补个体普

① FIERLBECK K. The ambivalent potential of cultural identity ［J］. Canadian journal of political science, 1996, 29（1）: 3-22.

② TAYLOR C. The politics of recognition ［M］. Multiculturalism: examining the politics of recognition. Princeton: Princeton University Press, 1994: 38.

③ YOUND I. Justice and the Politics of Difference ［M］. Princeton: Princeton University Press, 1990: 163.

遍主义导致的不公缺陷。

　　文化认同的生产需要以语言为媒介。语言代表着一种生活方式，表达着特定生活方式下人们的喜怒哀乐。只要某种生活方式没有消失，即使语言普及率下降也可以通过教育、立法等政策进行保护。盖尔人的生活方式在不断变化，但是盖尔文化的习俗得到保留，高地部分地区保留了克罗夫特耕种制度，圣安的盖尔人在重建新型的氏族联系，因此传统生活方式没有完全消失，盖尔语仍然具有使用空间。相反如果使用主体已经完全放弃了传统生活方式，那么很难在新环境下保持语言。

　　文化认同需要发展空间，空间的收缩会制造内部压力。盖尔人的文化认同是从小镇到欧盟逐层逐步构架的。凯尔特渊源、欧盟对盖尔语的认可以及挪威经验等文化、政治因素与经济发展共同作用，吸引着盖尔人将文化认同镶嵌在欧盟框架之中。尽管许多报道人对退出欧盟的结果表示失望，过渡期谈判也才刚刚开始，但盖尔人依然尊重他人的选择，杜绝暴力冲突，尊重他者本身就是对差异性和多元性的尊重，意味着承认不同文化存在方式的平等地位。正是有了差异性，各种文化才能摆脱自身的局限，在特定空间通过协商机制保持多样性。

第二节　文化复魅与现代性反思

　　当盖尔人或登上船只前往大洋彼岸的殖民地，或跨过敦巴顿—斯通黑文一线时，告别的不仅是高地，还有氏族制度。农业现代化扫除了建立在自然血亲基础上的有机氏族共同体，"现代化的力量就像一柄巨大的铁锤，无所顾忌地砸向所有旧的社区机构——氏族、村中、部落"①。现代化是一个一分为二的过程，将社会划分为公共和私人两个领域，摧毁了位于私人领域中的个人生活和公共领域中大型机构之间的中介机构。② 在现代化的分离过程中，个体从氏族联系中脱离，需要在私人领域和公共领域发挥主体性并建立秩序。

西方前现代社会是一个充满了"魅"的世界。查尔斯·泰勒认为"魅"的世界分为两个层次，在认识论层面，人们以神为中心认识世界③，按照君权神授的原则，族长以及作为"大族长"的国王代表着人类社会的中心，世界是一个上帝安排的有意义的整体，个体具有固定而且意义明确的位置。在世俗生活层面，人们生活在一个充满魔法的世界，魔法以语言或物体作为媒介发挥作用。④

启蒙运动将认识论的起点从上帝转移到人，以人为本代替了以神为本的思考方式，前现代社会到现代社会经历了韦伯概括的祛魅过程。新教将天主教的圣餐仪式和圣人崇拜称为迷信，祛魅首先要将魔力从世界中排除⑤，将基督教理性化，苏格兰长老会不仅废除天主教仪式，而且禁止在圣诞节举行庆祝活动就是为了切断神秘主义与世俗生活的联系。

---

① 大卫·格里芬. 后现代精神［M］. 王成兵，译. 北京：中央编译出版社，1997：13.

② BERGER P. Facing to Modernity：Excursions in Society, Politics, and Religion［M］. Harmondsworth：Penguin, 1979：132—133.

③ TAYLOR C. A Secular Age［M］. Cambridge：The Belknap Press of Harvard University Press, 2007：25—27.

④ TAYLOR C. Sources of the Self：the Making of the Modern Identity［M］. Cambridge and Massachusetts：Harvard University Press, 2001：191.

⑤ 马克斯·韦伯. 新教伦理与资本主义精神［M］. 于晓，陈维纲，等译. 北京：生活·读书·新知三联书店，1992：79.

祛魅打破了旧世界的神圣秩序，个体得到解放，理智化和理性化不断增加，祛魅意味着"只要人们想知道，他任何时候都能够知道，再也没有什么神秘莫测、无法计算的力量在起作用"。①

　　然而个体解放和世界祛魅也是现代性危机的来源。个体解放也意味着失去了大视角，"有人把这表述为生命的英雄维度的失落，人们不再有更高的目标感，生活变得平庸化和狭隘化"。② 为了充分发挥个体的主体性，工具主义理性被扩大，人们通过理性计算，选择最经济的手段获取利益，最终导致个体自由被利益最大化所束缚。但是"魔力"从未被彻底清除，理性占据了公共领域，实现了从魔法到科学的转变，而"神性"则归属私人领域。

　　后现代主义者对现代化造成的分离进行了反思，重新引入整体有机观念，将人与世界视为一体，重新唤起人们对自然和宇宙整体的敬畏之心，寻找自然象征的意义，兴起了文化复魅的转向，主要体现在相互关联的三个角度：东方转向、原始转向和生态转向③，文化复魅将价值取向从理性技术转向灵性。

　　盖尔除夕夜、凯利舞等充满了"异教灵性"元素的庆祝仪式重新被征用，通过复魅平衡个体与自然、理性与情感的关系。对氏族文化、古老信仰的复魅提供了文化相对论式的思考，即各种文化具有自身的价值，"科学的"生活方式不再具有至高无上的地位。复魅是扎根于各种

---

① 马克斯·韦伯. 学术与政治 [M]. 冯克利，译. 北京：生活·读书·新知三联书店，1998：29.
② 查尔斯·泰勒. 现代性之隐忧 [M]. 程炼，译. 北京：中央编译出版社，2001：5.
③ 刘泰然. 从巫魅、祛魅到复魅：文化他者视觉呈现的历史与逻辑 [J]. 中央民族大学学报，2017，44（1）：26-33.

知识联合基础上的新型生活方式①，修补断裂的文化传承。盖尔文化是西方世界从内部发掘的"异"文化元素，是报道人以及其他认可盖尔文化的群体应对现代性危机，弥补公共领域与私人领域、人类与自然、前现代与现代的分离。

文化复魅不是全盘否认现代化，"魅"不单纯是凯尔特信仰中的神秘巫术和德鲁伊特信仰中的太阳女神。"魅"是新型氏族关系，是互帮互助的病友俱乐部等重建个人与公共生活之间的中介共同体。"复魅"不仅是继承浪漫主义文学作品对盖尔文化的追忆，而且是进一步寻找解决分离的方案。"复魅"本身也是突破"奇迹"与"科学"二元对立的思考模式。

---

① 赛尔日·莫斯科维奇. 还自然之魅：对生态运动的思考［M］. 北京：生活·读书·新知三联书店，2005：139.

附　录

附录一：穿凯尔特足球队球衣的工人彼得

附录二：病友俱乐部

附录三：学校教堂和圣安合唱团

后 记

2021年1月1日，英国正式脱离欧盟，表面看双方签订的脱欧协议为这场漫长的谈判画下了句号。然而协议只是大方向的规定，具体的细则以及协议引发的效果还处于未知状态，脱欧实质上依然是现在进行时，苏格兰问题依然会存在。

盖尔文化是研究苏格兰问题的钥匙，了解盖尔文化有利于我们反思氏族与现代性的关系。本书从选题到完成历经三年的时间。首先感谢我的国外导师圣安德鲁斯大学人类学系的 Nigel Rapport 教授，他在我田野调查期间帮我建立了与报道人的联系网，并给予我田野调查方向指导，在我无法理解报道人话语中微妙的暗示时，给予我提醒和解惑。在我田野调查碰壁时，给予我援助。

当田野调查中的快乐与辛酸落成文字时，不由得要感谢张海洋教授、石毅教授和刘珩教授，他们在我写作过程中给予了耐心指导。感谢我的家人对我的一路支持，没有父母的支持，我不可能完成调查，

最后要特别感谢田野调查中，给予我帮助的众多报道人。他们热情

地邀请我参加家庭聚会，分享个人经历，并介绍我认识更多的报道人。尤其是朱莉、安妮和大卫，他们的帮助使我真正有机会融入圣安盖尔人的生活，在他们的引荐下，我迅速与当地人建立深层联系。希望我的作品没有令他们失望。